KURT TEPPERWEIN

W0402959

WISSEN HANDELN SEIN

PRAKTISCHE HINWEISE

SILBERSCHNUR

ISBN 3-931 652-34-3

(1. Auflage 1984 by Akademie FKP unter dem Titel „Vom Wissen zum Tun“)
2. Auflage 1998

Covergestaltung: dtp XPresentation, Boppard
Druck: Kossuth Druckerei AG, Ungarn

Verlag »Die Silberschur« · Steinstraße 1 · D-56593 Güllesheim

Inhaltsverzeichnis

DAS WISSEN

Lassen Sie uns miteinander herausfinden, warum wir unsere wunderbaren und wertvollen Erkenntnisse nicht immer praktisch leben und damit die innere Weisheit nicht lebendig werden lassen. Wir fühlen, wissen sogar, daß es gut und richtig wäre und wir dann besser leben würden. Und dennoch tun wir es nicht. Es gäbe Gründe genug, um unser Leben zu ändern. Wenn wir aufmerksam sind, erfahren wir vom Leben ständig, was zu tun wäre. Immer wieder bekommen wir Botschaften über die Sprache der Organe, der Symptome, über die Sprache der Lebensumstände, der Probleme, über unsere Lektionen, über unseren Nachhilfeunterricht. Partnerschwierigkeiten beinhalten genauso Botschaften wie berufliche Probleme. Alle Abneigungen oder Zuneigungen sind Botschaften. Unsere Wünsche, unsere Sehnsucht, unsere Visionen, all das sind Botschaften, die uns zeigen, wie es sein sollte und wie es sein könnte.

Das Leben spricht ständig zu uns in vielen Sprachen und sagt uns, was zu tun wäre. Wir können also nicht sagen: »Ich habe es nicht gewußt.« Trotzdem tun wir nicht das Richtige, zumindest nicht immer. Was steht dahinter? Es muß einen Grund dafür geben.

Wir sind in bester Gesellschaft, denn dies ist keine neue Situation. Schon Petrus hat gesagt: »Das Gute, das ich tun will, das tue ich nicht, und das Böse, das ich nicht tun will, das tue ich.«

Wichtig ist es, zu wissen, daß unser Universum nicht aus irgendeiner Materie zusammengesetzt ist, sondern aus der EINEN Kraft besteht: Aus reiner Energie. Wir selbst sind, physikalisch gesehen, Energie. Alles in und um uns herum besteht aus Energie. So sind wir in Wahrheit auch nicht von irgend etwas getrennt, sondern wir sind EINS.

Energie schwingt mit unterschiedlicher Geschwindigkeit. Je feiner und unstofflicher sich Energie darstellt, desto höher schwingt sie - und umgekehrt. Auch Gedanken sind Energie. Sie stellen eine feine Form davon dar und können sich deshalb schnell ändern. Materie hat eine dichtere Energieform und verändert sich daher langsamer.

Das Gesetz der Energie besagt, daß Energie einer bestimmten Schwingung, einer bestimmten Qualität ähnliche Energien anzieht. Wenn wir gewisse Gedanken oft und intensiv denken, dabei sogar starke Gefühle entwickeln, ist die Möglichkeit groß, daß wir auf der materiellen Ebene genau das bekommen. Selbst wenn wir im Außen nichts dafür tun. Was wir ins Universum aussenden, gibt es uns zurück.

Mit einer positiven Einstellung erhalten wir dementsprechend Positives, Beglückendes. Je negativer wir denken und fühlen, desto negativere Lebensumstände ziehen wir damit an.

Der Mensch ist seiner Natur nach so geschaffen, daß er glücklich, erfolgreich und gesund sein könnte. Doch wenn er sich selbst in die Quere kommt, beginnen seine Schwierigkeiten.

Stellen wir uns einmal eine uns allen bekannte Situation vor: Sie lesen ein gutes Buch, besuchen ein faszinierendes Seminar und kommen so in Berührung mit der inneren Weisheit, erleben, wie es in Ihnen »JA« sagt. Sie spüren, erfahren, wie Sie vom Nicht-Wissen zum Wissen kommen, vom Suchen zum Finden, vom Ahnen zur Gewißheit. Sie erkennen sich und die innere Wahrheit. Sie wollen diese verwirklichen und gehen voller Überzeugung ans Werk. Nach kurzer Zeit merken Sie, wie wohl Sie sich damit fühlen und daß Sie genau so gemeint sind. Jetzt stimmen Sie! Doch schon bald erleben Sie sich wieder in Situationen, in denen Sie sich so verhalten, als hätten Sie die Wahrheit nie gekannt. Aus einem Ihnen unbekannten Grund ist sie wieder entschwunden und nichts fließt mehr.

Es ist offensichtlich, daß irgendwelche Hindernisse oder Blockaden da sind, die Sie daran hindern, Sie selbst zu sein. In diesem Buch wollen wir miteinander herausfinden, welche Dinge das Richtige, Glückbringende verhindern. Wir wollen Wege finden, von dem, was wir erkannt haben - WISSEN -, zum richtigen Umsetzen - TUN - zu kommen und letztlich das Beste - im SEIN - geschehen zu lassen. Wir wollen dorthin kommen, wo wir uns wohlfühlen, wo wir mit uns selbst übereinstimmen. Lassen Sie uns miteinander diese geheimnisvolle Ursache entdecken, um der Sache auf den Grund zu gehen.

Eines haben wir schon erkannt: Noch mehr Wissen hilft uns nicht weiter. Wir alle haben schon ungewöhnlich viel Wissen angesammelt, sind fast schon süchtig nach neuem Wissen. Immer wieder neue Informationen, scheinbar noch interessantere Gesprächsrunden, neue Seminare, neue Bücher. Und wieder haben wir neues Wissen angesammelt, das uns trotzdem nicht glücklicher macht.

Falls wir dann etwas zum wiederholten Mal hören, winken wir lässig oder leicht gelangweilt ab und sagen: »Das kenne ich schon. Das weiß ich bereits alles.« Kaum jemand überlegt sich, warum das Leben die Botschaft wiederholt. Der Grund ist der, daß wir die Lektion nicht oder noch nicht vollständig begriffen haben. Deshalb wird sie so lange wiederholt, bis wir ganz verstanden haben. Mit der Fehlhaltung »Kenne ich ja schon« wird das Wissen zur Falle, zum toten Ballast.

Wir müssen einen Weg finden, Hindernisse und Blockaden aufzuspüren, zu beseitigen und das angesammelte Wissen lebendig, zur Weisheit werden zu lassen und diese zu leben.

Wie sollten wir vor uns selbst bestehen können, wenn wir nicht mit uns selbst übereinstimmen; wenn wir nicht das tun, was uns entspricht; wenn wir uns nicht so verhalten, wie wir gemeint sind. Dadurch kommen Probleme, kommen Krankheiten, kommt Leid.

Denn wir müssen uns bewußt machen, daß uns das Leben nicht für das belohnt, was wir wissen, sondern für das, was wir sind.

Wahres positives Denken heißt nicht nur, positive Gedanken zu haben und die negativen aufzulösen, sondern heißt als Ergebnis dieses positiven Denkens positiv zu sein. Die meisten Menschen aber sind damit beschäftigt, das zu tun, was andere, z.B. die Eltern, die Freunde, der Chef, die Gesellschaft, die Politik, die Wirtschaft ihnen sagen. Irgendwelche Kräfte von außen nehmen Einfluß auf sie.

Wenn wir das zulassen, dann werden wir gelebt. Die Werbung im Fernsehen sagt uns, was wir brauchen, wenn wir unsere eigenen Bedürfnisse nicht kennen. Wenn man Schmerzen hat, kauft man sich bestimmte Tabletten und sprudelt den Schmerz einfach weg. Das Leben scheint leicht und wunderbar. Irgendwann fallen wir auf diese oberflächliche Art zu leben herein. Wir kommen in Versuchung, es uns leicht zu machen, anstatt zu erkennen, daß dieser Schmerz eine Botschaft ist, ein Signal, das uns auf etwas aufmerksam machen will.

Vielleicht hatten Sie sich bereits entschieden. Vielleicht sind Sie ein bißchen aufgewacht, haben angefangen, erste Schritte in die richtige Richtung zu tun. Doch dann sind Sie wieder (geistig) eingeschlafen.

Wer erwachen und wach bleiben will, muß sich geistig immer wieder an sich selbst erinnern. Es ist wichtig, sich immer wieder daran zu erinnern, wer wir sind. Um zu leben als die, die wir sind, müssen wir uns bewußt sein, daß es der Sinn des Lebens eines jeden Menschen ist, sich selbst zu begegnen. Der geringste Preis ist die Anstrengung, sind die eigenen Bemühungen. Lassen wir es nicht zu, daß wir noch länger gelebt werden, sondern fangen wir an, unser Leben selbst zu bestimmen. Machen wir uns frei von allem, was nicht mehr wirklich zu uns gehört.

Vor einiger Zeit haben wir die Wiedervereinigung Deutschlands erlebt. Das war wunderschön. Es hat alle sehr bewegt und beschäftigt. Aber wie wäre es, wenn wir auch in uns selbst die Wiedervereinigung vollziehen würden? Wenn wir das ICH mit dem SELBST wiedervereinigen würden? Damit wir wieder ganz sind, ganz wir selbst.

Wir leben in einem Zeitalter der Information. Noch nie war die Menschheit so informiert wie heute. Was wir aber brauchen, ist nicht noch mehr oder bessere Information, sondern besseres Umsetzen des Wissens, des als richtig Erkannten. Wenn wir verstehen wollen, warum wir tun, was wir tun, oder warum wir nicht tun, was wir eigentlich tun sollten, dann müssen wir uns mit dem Geheimnis der inneren Bilder befassen. Wir müssen erkennen, daß unsere Lebensumstände ein Spiegelbild unserer inneren Bilder sind.

Selbstverständlich können wir unser Leben frei bestimmen. Aber wir sollten bewußt denken, um so bestimmte Umstände zu verursachen. Sie kennen das Mentaltraining und wissen demzufolge, daß wir unser Leben in allen Einzelheiten bewußt bestimmen können.

Aber wie weit tun wir das? Im Durchschnitt bestimmen wir etwa 5 % unserer Lebensumstände bewußt. Die anderen 95 % bestimmen wir nicht. Also greift das Unterbewußtsein bei entsprechenden Entscheidungen auf den inneren Speicher zurück, auf die inneren Bilder. 95 % unserer Lebensumstände werden so unbewußt automatisch durch den inneren Erfahrungsschatz, durch diese selbstgeschaffenen inneren Bilder hervorgerufen. Wir sollten daher auch das einmal hinterfragen: Woher haben wir die selbstgeschaffenen inneren Bilder. Ein Großteil dieser Bilder stammt aus der Kindheit, von unseren Eltern, Geschwistern und Freunden.

Wir kamen unverbildet auf die Welt, unbeeindruckt und offen. Dann sagte unsere Mutter: »Laß das, das kannst du nicht. Du machst das kaputt.« Ein anderes Mal hörten wir: »Das schaffst du nie.« Alle diese Dinge haben wir offen in uns aufgenommen und sie als innere Erfahrung, als innere Bilder angelegt. Ich kenne heute noch eine ganze Reihe von Menschen, deren Leben von solchen inneren Bildern bestimmt wird.

Es hat damit begonnen, daß Sie getan haben, was andere Ihnen gesagt haben. Ihre Eltern, die Geschwister, die Lehrer, der Chef. Anfangs haben Sie die anderen nachgeahmt. Aber bald haben Sie gemerkt, daß das Ihre Probleme nicht löst. Und so haben Sie sich einen anderen Weg gesucht, um Ihre Probleme zu lösen, um mit dem Leben zurechtzukommen, mit den Eltern, den Geschwistern, den Freunden, dem Partner. Sie haben hier und da einen Rat bekommen und haben festgestellt, daß er Ihnen auf die Dauer auch nicht geholfen hat.

Sie verdienen Geld, erwerben Besitz, aber irgend etwas fehlt. Sie spüren, daß Ihnen all das keine Erfüllung bringt. Sie sind auf der Suche nach etwas, ohne genau zu wissen, was Sie eigentlich suchen. Sie spüren nur, daß das, was Sie bis jetzt vom Leben gesehen haben, nicht alles gewesen sein kann.

Aber egal, welches Ziel Sie sich setzen, und was immer Sie erreichen, irgendwo bleibt eine Enttäuschung, eine Sehnsucht in Ihrem Innern. Sie suchen Anerkennung, wollen vorwärtskommen, ohne zu wissen, wo das Ziel liegt. Und immer bleibt die Frage: »War das wirklich alles?«

Sie ahnen, daß es das nicht gewesen sein kann. Es ist zuwenig. Irgend etwas fehlt. Irgendwann machen Sie sich auf die Suche. Sie suchen Ihre Lebensaufgabe, Ihren Weg, die richtigen Schritte, das richtige Buch, das besondere Seminar, einen Lehrer, einen Guru, einen Meister, ein Vorbild. Sie suchen Alternativen auf allen Ebenen des Daseins. Sie versuchen, in der Partnerschaft vom Miteinander-auskommen zur wahren Liebe zu finden. Sie suchen einen Weg vom Beruf zur Berufung. Sie sind ein Suchender geworden.

Sie wollen die geistigen Gesetze, die Wirklichkeit hinter dem Schein verstehen, Sie wollen darüber hinaussehen, darüber hinausdenken, Antwort finden auf die Fragen:

- Wer bin ich?
- Woher komme ich?
- Wohin gehe ich?
- Warum bin ich hier?

Eine konstruktive Unzufriedenheit zwingt Sie, weiterzusuchen. Sie wissen noch immer nicht, was Sie suchen, aber Sie ahnen, daß Sie es irgendwann finden werden.

Und irgendwann suchen Sie das Besondere in sich selbst; besondere Fähigkeiten, besondere Tätigkeiten. Irgendwann erkennen Sie, daß Sie mehr sind als Ihr Körper, mehr als Ihr Verstand, Ihr Gemüt, mehr als die Rolle, die Sie spielen, mehr als der Name, den Sie tragen, mehr als die Persönlichkeit, die Sie zu sein scheinen.

Allmählich erkennen Sie immer deutlicher, daß die Lebensumstände Ihrem Bewußtsein nach dem Gesetz »wie innen so außen« entsprechen. Sie erkennen Ihr Bewußtsein als Ursache für alles.

Es geht immer nur darum, daß Sie sich an sich selbst erinnern, daß Sie erkennen, daß Ihnen letztlich niemand etwas Neues sagen kann. Es gibt nichts Neues. Das Selbst weiß alles. Es geht nur darum, daß jemand in Ihr Leben tritt und Sie wieder an Sie selbst erinnert, damit Sie sich wieder als Sie selbst wahrnehmen und das Stimmige tun.

Das Thema heißt »Vom Wissen zum Tun«. Schauen Sie, was zu tun ist. Vielleicht fällt Ihnen vieles ein, was zu tun wäre. Schauen Sie hin, in welchen Bereichen Sie vom Leben geradezu gedrängt werden, etwas zu tun. Fangen Sie dann damit an.

DAS HANDELN

Zu Beginn befassen wir uns mit den Umständen, welche verhindern, daß wir erfolgreich, glücklich und harmonisch durch unser Leben gehen können.

Erkennen Sie negative Bilder als Hindernisse und aktivieren Sie Ihre Schöpferkraft

In diesem Teil des Buches erfahren Sie, auch anhand von Beispielen, wie Sie Ihre inneren Bilder, welche bei vielen von uns Negativprogramme enthalten, mit Hilfe Ihrer eigenen Schöpferkraft in Positivprogramme umwandeln.

INNERE BILDER

Ich kenne einen sehr jungen tüchtigen Manager, der jedesmal, wenn eine neue Situation auf ihn zukommt, sagt: »Das schaffe ich nicht.« Alle um ihn herum lachen, weil er der Prototyp eines Menschen ist, der alles schafft. Und er schafft auch alles, was er anfaßt. Trotzdem sagt er jedesmal: »Das schaffe ich nie.«

Irgendwann sind wir in einem Seminar dahintergekommen, wie diese Prägung entstanden ist. Sie stammt aus einem früheren Leben, aus seinem letzten Leben.

Er war im letzten Weltkrieg Soldat auf einem Zerstörer. Die Japaner griffen mit Torpedos an. Er versuchte, mit seiner Zwillingsflak diese Torpedos abzuschießen. Sie kamen immer näher, und er sagte: »Das schaffe ich nicht. Das schaffe ich nicht.« Er schoß und hat es wirklich nicht geschafft. Sein Zerstörer flog mit ihm in die Luft. Da er keine Zeit hatte, dieses Erlebnis zu verarbeiten, weil er in der nächsten Sekunde tot war, saß diese Energie noch immer in seinem Bewußtsein. Deshalb hatte er in diesem Leben immer noch die Prägung: »Das schaffe ich nicht«.

Ein anderes Beispiel für ein inneres Bild hat mir eine schon ältere Frau gegeben. Sie ist verzweifelt zu mir gekommen. Ihre Tochter, 44 Jahre, lebte in der Vorstellung, ihre Mutter möge sie nicht. Diese sagte jedoch: »Sie ist mein einziges Kind. Ich liebe meine Tochter über alles, und ich tue alles für sie. Trotzdem sagt sie immer wieder: Du magst mich nicht.

Wir sind auch dem auf den Grund gegangen, weil die Tochter bestätigte, daß sich ihre Mutter alle Mühe gäbe. Aber sie kenne sie. Sie würde nur so tun. In Wirklichkeit liebe sie sie überhaupt nicht. Deshalb haben wir nachgeforscht, wo dieses Bild herkommt.

Der Grund war eine eigentlich unbedeutende Situation, als die

Tochter gerade geboren worden war. Die Hebamme nahm das Neugeborene, ging ins Nebenzimmer, wusch es dort und sprach weiterhin mit der Mutter. Deswegen sprachen Sie auch etwas lauter. Sie unterhielten sich über eine Nachbarin. Die Mutter sagte: »Ich mag sie nicht.« Dieses neugeborene Kind, ganz offen, hörte die Worte der Mutter: »Ich mag sie nicht« und hat sie auf sich bezogen. Das war die Prägung. Die ganze Kindheit und Jugend mit der aufopfernden, liebevollen, gütigen, toleranten und verständnisvollen Mutter hatte die Tochter nicht mehr überzeugen können, daß sie geliebt wurde, denn sie »wußte«: Meine Mutter mag mich nicht.

Bei der Rückführung, bei diesem Rückerleben, erkannte sie nun ihren ganzen Irrtum. Voller Tränen begriff sie, daß die Mutter gar nicht sie gemeint hatte. Sie hatte sich die ganze Zeit in einem Irrtum befunden. All die Jahre mit ihrer Mutter, ihr ganzes bisheriges Leben, hatten unter diesem Eindruck gestanden.

Ich habe auch bei mir eine solche Prägung gefunden und zwar folgende: Als ich dreieinhalb Jahre alt war, war ich für zwei Wochen in einem Kinderheim. Am Ende durften sich alle Kinder ein Spielzeug aussuchen, weil wir einen Tag früher abgeholt wurden als eigentlich bezahlt war und noch etwa eine Mark nach Abzug der Kosten pro Kind übriggeblieben war. Die Schwester hatte einen Spielwarenvertreter mit zwei Koffern voller Schätze kommen lassen, und jedes Kind durfte sich etwas aussuchen. Die Schwester ging von einem zum anderen und sagte jeweils zu dem Kind: »Du darfst dir noch etwas aussuchen« oder »Du hast dir ein bißchen zuviel ausgesucht. Du mußt ein Spielzeug wieder zurücklegen.« Ich hatte mir eine Mickymaus an einem Gummiband ausgesucht. Ich weiß noch heute, daß sie 95 Pfennig gekostet hatte. Ich habe geguckt und zu mir gesagt: »Nein, mehr will ich gar nicht. Wenn die Schwester zu mir kommt und auch sagt, ich dürfe mir noch etwas aussuchen, dann sage ich: Nein, ich möchte nur meine Mickymaus.« Und die Schwester kam zu dem Jungen neben mir und sagte: »Oh, du kannst dir noch etwas aussuchen.« Dann kam sie zu mir, riß mir die Mickymaus aus der Hand, warf sie in den Koffer und sagte: »Du doch nicht, deine Eltern haben überhaupt noch nicht bezahlt.«

Es hat nur eine Sekunde gedauert. Aber diese eine Sekunde hat mein ganzes Leben geprägt. Denn in diesem Augenblick habe ich als Dreieinhalbjähriger beschlossen, eines Tages so viel Geld zu haben, daß ich mir Mickymäuse kaufen kann, soviel ich will. In der Rückführung habe ich das noch einmal ganz lebendig erlebt. Das war diese Prägung.

Die zweite Prägung, die daraus entstanden ist, war: Und ich brauche die Mickymaus überhaupt nicht. Ich brauche überhaupt nichts.

Diese beiden inneren Bilder, die zusammen mit einem starken Gefühl bei einem leicht zu prägendem Kind verankert wurden, haben mein ganzes Leben bestimmt. Auf der einen Seite bin ich sehr bescheiden und brauche eigentlich gar nichts, habe ganz minimale Bedürfnisse. Auf der anderen Seite habe ich wirtschaftlich alles erreicht, was ich wollte und mehr. Ich habe diese Prägung noch nicht aufgelöst, werde dies jedoch irgendwann tun. Eigentlich ist es jetzt nur noch eine liebevolle Erinnerung. Bis jetzt hat es mir geholfen, deshalb habe ich es wirken lassen.

Das sind innere Bilder, die jeder von uns hat. Und diese inneren Bilder bestimmen unser Verhalten. Wenn ein erwünschtes Verhalten mit unserem inneren Bild nicht übereinstimmt, dann kostet es uns ungeheure Mühe, dieses Verhalten zu realisieren. Dann strengen wir uns an, und vielleicht gelingt es uns auch einmal. Beim nächsten Mal ist es uns schon nicht mehr möglich, da sich im Innern etwas sehr dagegen wehrt. Wir sollten dafür sorgen, daß wir diese inneren Bilder gründlich prüfen und wahrnehmen, was wir alles gespeichert haben. Denn unsere Lebensumstände entsprechen unserem So-Sein. Die inneren Bilder bestimmen den größten Teil unseres So-Seins. D.h., die Lebensumstände machen unsere inneren Bilder als äußere Ereignisse sichtbar.

Schauen Sie einmal Ihr Leben an. Welche Art von Erlebnissen ziehen sich wie ein roter Faden hindurch? Wo passiert Ihnen immer wieder das gleiche oder machen Sie immer wieder ähnliche Erfahrungen? Wenn Sie dann in Ihrer Innenschau noch ein Stück weitergehen, werden Sie ein inneres Bild finden, das diese Reihe von Erfahrungen verursacht.

So gibt es Menschen, die richtige Pechvögel sind. Egal, was sie anfassen, es geht immer schief. Sie wissen es auch schon vorher. Man kann ihnen eine Goldgrube schenken, da sich der Vorbesitzer zur Ruhe setzen möchte, weil er Hunderte von Millionen auf dem Konto hat und sich sagt, mehr könne er nun wirklich nicht mehr brauchen. Der Neue kann sicher sein, daß bei ihm die Grube absinkt oder kein Gold mehr da ist. Auf jeden Fall funktioniert es nicht!

Dann gibt es wieder andere, die richtige Glückskinder, Sonntagskinder sind. Sie machen Sachen, von denen erfahrene Experten sagen, es könne gar nicht gehen, weil... Sie machen es trotzdem, und es funktioniert!

Auch ich habe eine Sonntagskindprägung, ein solches inneres Bild. Ich erinnere mich, daß ich vor vielen Jahren mit einem Freund die Idee hatte, eine Judoschule zu eröffnen. Wir hatten beide wenig Geld, und das bißchen legten wir zusammen und fingen damit an.

Heute würde man nicht einmal von einer Finanzdecke sprechen. Eigentlich war es ein großes Loch, womit wir anfingen. Aber wir waren voller Mut und Begeisterung bei der ganzen Sache.

Als wir gerade unsere Werbung draußen hatten, traf ich in Essen meinen väterlichen Freund, einen Bankier, und erzählte ihm begeistert von unserer neuen Idee, die jetzt unsere Zukunft tragen sollte. Er hörte mir zu, ohne ein Wort zu sagen, so daß ich ihn am Schluß fragte: »Was meinen Sie dazu?« Er antwortete: »Herr Tepperwein, Sie überraschen mich wirklich. Ich habe Sie eigentlich für einen jungen, intelligenten Mann gehalten, der gute Aussichten hat, einmal im Leben erfolgreich zu werden. Aber jetzt haben Sie mich enttäuscht.« Ich fragte, wie er zu dieser Ansicht käme, worauf er entgegnete: »Ich will es Ihnen sagen. Ich bin zufällig Ehren-Vorsitzender des örtlichen Turnvereins. Wir haben seit zehn Jahren eine Judo-Riege. Wir verlangen DM 1,50 Monatsbeitrag. In diesen zehn Jahren ist es uns gelungen, 70 Mitglieder zu finden. Sie haben mir gerade gesagt, Sie wollen 15,00 DM Monatsbeitrag verlangen, also das Zehnfache. Zudem brauchen Sie mindestens 100 Mitglieder von Anfang an, nur um die Beträge für Miete und Kosten zusammenzubekommen. Dann haben Sie noch nicht gelebt. Wir haben für ein Zehntel des Preises zehn Jahre gebraucht und nicht so viele Mitglieder zusammenbekommen. Wie beurteilen Sie Ihre Aussichten?«

In mir brach alles zusammen. Ich war völlig verzweifelt. Ich weiß nicht mehr, wie ich nach Hause kam. Von dort rief ich meinen Freund an und sagte:»Wir haben alles verloren. Wir haben alles falsch gemacht. Ich habe gerade mit meinem Freund gesprochen. Wie konnten wir nur so blind sein? Wir hätten doch vorher einmal mit einem Fachmann sprechen müssen.«

Mein Freund war ebenso schockiert wie ich. Aber nach einer Weile fand er die richtige Einstellung zu der Sache und sagte:»Jetzt ist es sowieso passiert. Wir können nichts mehr zurückholen. Die Werbung läuft, und wir warten ab, was geschieht.« Ich erkannte, daß er recht hatte. Passieren konnte uns jetzt nichts mehr. Schlimmer kommen konnte es auch nicht mehr, denn wir hatten alles verloren. Deshalb konnten wir genausogut abwarten.

Es war die Meinung eines Experten, daß es nicht funktionieren würde. Drei Wochen später besuchte ich meinen väterlichen Freund wieder, um ihm zu berichten, was in den drei Wochen passiert war. Wir waren sehr beschäftigt gewesen in dieser Zeit. Es waren etwa 500 Anfragen gekommen, und innerhalb von drei Wochen hatten wir 186 Personen unter Jahresvertrag. Unsere Kosten waren gedeckt und selbst unser Überleben war gesichert. Dies waren jedoch nur die ersten drei Wochen. Es ging steil aufwärts. Es funktionierte!

Der Experte war ein erfahrener Mann, der es sicher sehr gut mit mir meinte. Er hatte mir aus seiner Erfahrung alles gesagt, entsprechend seiner inneren Bilder. Wenn er mir seine Erfahrung vorher mitgeteilt hätte, hätte ich die Judoschule nie eröffnet.

Es war ein wunderbares Geschäft. Eine großartige und erfolgreiche Sache. Nur weil mich kein negativ geprägtes inneres Bild hinderte, habe ich damit angefangen. Und es hat funktioniert.

So hindern uns innere Bilder oft, Dinge zu tun, die gut wären, die zu uns gehören und stimmen würden, bei denen aber unsere Erfahrung sagt, daß es nicht klappen könne, weil... Und somit lassen wir es.

Würden Sie heute ein Unternehmen gründen, wenn Sie einigermaßen verantwortungsbewußt sind, ohne das notwendige Geld, um die erste Miete zu bezahlen? Heute bekommen Sie nur Räume, wenn Sie drei Monatsmieten Kaution hinterlegt haben. Damals bekam man die Räume noch auf ein Wort. Wir hatten nicht einmal die erste Monatsmiete, und trotzdem hat alles wunderbar funktioniert.

Hier sehen wir wieder, wie sehr innere Bilder einen Großteil unseres Lebens bestimmen. Wir müssen lernen, unerwünschte Bilder hinauszuwerfen und erwünschte auszubilden, auszuprägen, zu verstärken. Auf jeden Fall aber sollten wir dafür sorgen, daß unsere inneren Bilder mit unserer Lebenseinstellung, mit unserem inneren Maßstab übereinstimmen. Sonst leben wir ein Leben, das uns weder entspricht, noch gefällt.

Sicher gibt es auch in Ihrem Leben Aspekte, die Ihnen gar nicht behagen. Umstände, von denen Sie sagen: »Es wäre mir sehr lieb, wenn das nicht wäre, wenn ich mein Leben ohne das genießen könnte.« Vielleicht gibt es aber andererseits Umstände, von denen Sie sagen: »Das wäre schön, das würde mir sehr gefallen, es in meinem Leben zu haben.«

SCHÖPFERKRAFT

Während Sie für das eine unpassende Bilder haben, fehlen Ihnen für das andere die passenden, positiven. Doch nur Sie sind der Chef, Sie sind der Schöpfer und können diese Bilder bestimmen. Sie entscheiden, welche Bilder Sie in sich haben, welche Sie hegen und pflegen wollen. Denn Sie können sie jederzeit sortieren. Wenn Sie sich bewußt machen, daß die meisten dieser inneren Bilder in der frühen Kindheit entstanden sind, dann ist das ungefähr so, als ob Sie heute noch im Konfirmationsanzug oder im Kommunionskleid herumlaufen. Sie haben einfach die unpassenden geistigen Kleider an. Sie haben einen falschen Maßstab, einen, der Ihnen nicht oder nicht mehr entspricht.

Dazu gebe ich Ihnen ein Beispiel: Vielleicht hatten Sie einen älteren Bruder, der ein bißchen rauh und eben älter und stärker war als Sie. Damals, in dieser Situation als Kind, haben Sie beschlossen, daß es besser ist nachzugeben, als ewig vom stärkeren Bruder drangsaliert zu werden. So haben Sie gelernt nachzugeben. Der ältere Bruder spielt in Ihrem jetzigen Leben diese Rolle längst nicht mehr. Aber Ihr inneres Bild »Duck' Dich, es ist besser« ist vielleicht noch immer wirksam. Es ist möglich, daß Sie stark geworden sind, nicht nur körperlich, sondern auch geistig-seelisch. Sie sind nun eine starke Persönlichkeit und haben dieses unpassende Bild, sich zu ducken, nachzugeben, nur ja nicht aufzufallen, verinnerlicht. Somit leben Sie ein Leben, das Ihnen gar nicht entspricht. Als Sie dieses Bild angenommen haben, war es richtig, vielleicht sogar überlebenswichtig. Sie waren damals ohnmächtig und klein. Sie konnten keine bessere Entscheidung fällen. Heute stimmt sie jedoch nicht mehr.

Deshalb ist es wichtig, diese Entscheidungen, diese inneren Bilder immer wieder einmal zu überprüfen und uns die richtigen geistigen Bilder zuzulegen. Denn diese so geschaffene Bildung ist Bildung im wahrsten Sinne des Wortes, entscheidet Ihr Schicksal und prägt natürlich auch das Gemeinschaftsschicksal mit.

Indem Sie also Ihre inneren Bilder ändern, ändern Sie alles. Wenn Sie sich die Frage stellen, wie Sie das tun können, ist die Antwort darauf ganz einfach. Genauso wie Sie die alten Bilder erzeugt haben, erschaffen Sie nun die erwünschten neuen.

Sie stellen sich die neue, erwünschte Situation vor. Sie sehen sie vor sich. Sich etwas vorstellen heißt, etwas wirklich vor sich hinzustellen. Sie sehen die Situation vor sich. Sie brauchen dazu Vorstellungskraft, Einbildungsvermögen. In unserer Gesellschaft gilt es nicht gerade als Tugend, wenn man von jemandem sagt: »Der ist eingebildet.« Aber wir sind alle eingebildet. Wir alle haben innere Bilder. Wir sollten diese nur ganz bewußt gestalten.

Also brauchen Sie zunächst einmal Einbildungsvermögen, indem Sie lernen, sich ein Bild zu machen. Wenn Sie das (noch) nicht können, besteht die Möglichkeit, sich vorerst mit einem äußeren Bild zu helfen.

Nehmen wir einmal an, Sie möchten ein paar Pfunde loswerden. Vielleicht haben Sie Mühe, sich schlank zu sehen, da Sie wissen, wie Sie bis jetzt ausgesehen haben. Obwohl in Ihrer etwas fülligeren Figur der Schlankere immer auch vorhanden gewesen ist, haben Sie Schwierigkeiten, sich dies vorzustellen. Wenn Sie nun den Wunsch haben, etwas abzunehmen, ist es im Grunde Ihr Wunsch, diesen Schlanken Wirklichkeit werden zu lassen. Zerbrechen Sie sich nicht den Kopf darüber, wenn Sie sich jetzt noch nicht schlank sehen können. Es gibt andere Möglichkeiten.

Kreieren Sie mit Schere und Papier Ihr Bild. Nehmen Sie dazu ein Foto von sich aus früheren, schlankeren Zeiten oder behelfen Sie sich mit einem Bild aus einer Illustrierten. Nehmen Sie dann ein heutiges Foto von sich und kleben Sie Ihren Kopf auf das

Bild mit Ihrer Wunschfigur. So ist es bei jedem Wunsch möglich, sich vorerst ein Bild im Außen zu erschaffen und es nach und nach zu lernen, dies auch im Innern zu tun. Das ist dann der nächste Schritt in der Entwicklung Ihrer Einbildungskraft und Ihres Vorstellungsvermögens.

Sie brauchen Einbildungskraft, um das Bild zu erschaffen und Vorstellungsvermögen, um es immer wieder auf Ihren inneren Bildschirm zu projizieren. Sie stellen sich vor, wie es ist. Das, was Sie sich vorstellen, ist Ihre innere Wirklichkeit. Dann brauchen Sie nur noch einen letzten Schritt zu tun. Verbinden Sie dieses vorgestellte Bild mit einem starken Gefühl der Freude, Dankbarkeit, Glückseligkeit etc. Welche Art von Gefühl Sie dabei haben, spielt keine Rolle. Wichtig ist, daß es ein Gefühl der Zustimmung ist.

Auf dieselbe Art sind Ihre früheren Bilder entstanden. Nur war es in vielen Fällen leider so, daß das starke Gefühl, welches das Bild begleitete, ein deprimiertes, frustriertes oder ängstliches war.

Sie hatten damals Angst vor dem älteren Bruder, um bei unserem Beispiel zu bleiben. Die Angst war das Gefühl. Die Vorstellung war ein Bild des Sich-klein-und-hilflos-sehens. Auf diese Weise kreierten Sie Ihre »Wahrheit«, welche sich Ihnen dann einprägte: Nachgeben ist besser, dann bekomme ich keine Prügel.

Genauso können Sie heute neue, stimmige Bilder erschaffen und die alten zum Verblassen und Verschwinden bringen.

Wenn Sie also Einbildungskraft und Vorstellungsvermögen mit einem starken Gefühl verbunden haben, folgt ein weiterer, sehr wichtiger Punkt: Die Wiederholung. Denn auch damals wiederholten Sie diese Bilder immer wieder. Sie kamen immer wieder in die entsprechende Situation und trafen immer wieder die gleiche Entscheidung. Je häufiger Sie das taten, desto tiefer prägte sich dieses Bild ein.

BEHARRLICHKEIT

Wir brauchen für eine normale Bildänderung zwanzig bis dreißig Prägungen. Und genau hier sitzt der Schwachpunkt! Jemand sagt: »Ich habe mir so fest vorgenommen, abends beim Fernsehen nicht mehr soviel zu essen, doch dann habe ich wieder drei Flaschen Bier getrunken, wieder zwei Packungen Crackers gegessen. Es ist wieder passiert.« Wenn wir dann fragen, wie oft derjenige an der Bildänderung gearbeitet habe, antwortet er: »Bestimmt fünf-, sechsmal.« Meistens ist das noch übertrieben, und es ist nur zwei- oder dreimal geschehen. Und das reicht eben niemals aus.

Sie müssen dafür sorgen, daß Sie sich diese Bildänderung oft genug und ganz sicher täglich einprägen. Morgens und abends ist es ein Muß! Wenn Sie sich zudem auch über Mittag eine kleine Pause von vielleicht 15 Minuten einräumen, um ein erwünschtes, positives Bild zu visualisieren, ist das optimal. Sie können es auch in einer Kurzfassung zehnmal am Tag eine Minute lang tun.

Denken Sie nicht, daß erfolgreiche Menschen weniger Mißerfolge hätten als Sie. Sie haben sogar mehr, nur sie hören dann nicht auf. Ein Mißerfolg ist immer nur eine Information, daß es so nicht geht. Beim zweiten Mal klappt es auch nicht unbedingt, aber beim dritten, fünften oder siebten Mal. Irgendwann geht es. Sie schließen durch die Versuche Fehler immer weiter aus und erkennen durch jeden Mißerfolg, daß der von Ihnen gewählte Weg nicht zum Erfolg führt. Irgendwann bleiben nicht mehr viele Wege zum Ausprobieren übrig.

Hätten Sie die Beharrlichkeit, die Alva Edison auszeichnete? Als er zwei Jahre lang versuchte, die Glühbirne zu erfinden und 1263 Versuche mit seinen Mitarbeitern durchgeführt hatte, sagten diese: »Jetzt sollten wir wirklich aufgeben. Sie sehen doch, es geht nicht. Wir haben 1263 erfolglose Versuche hinter uns.« »Was«, antwortete er, »wir haben 1263mal festgestellt, daß es so nicht geht. Jetzt bleiben nicht mehr viele Möglichkeiten. So kurz vor dem Ziel wollen Sie aufgeben?« Vier Tage nach diesem historischen Gespräch gelang der Durchbruch, die Erleuchtung der Welt -zumindest äußerlich.

Lassen Sie sich nicht entmutigen, wenn Sie nicht sofort in allen Bereichen hundertprozentigen Erfolg haben. Da Sie die Jahre Ihres Daseins bis heute nicht immer mit den positivsten Gedanken und Bildern in Ihrem Innern verbracht haben, braucht es auch etwas Zeit, um eine Veränderung der Welt, in der Sie leben, zu bewirken. Seien Sie geduldig, beharrlich und optimistisch, und verlieren Sie nie Ihr Ziel aus den Augen: Das Beste und Schönste für Ihren ganz persönlichen Ausdruck zu besitzen!

LOSLASSEN UND GLAUBEN

Ein weiterer, wichtiger Schritt zu einem erfüllten Leben ist das Loslassen. Lassen Sie los, entspannen Sie sich, hören Sie auf, sich anzustrengen und Dinge oder Menschen festzuhalten. Hören Sie mit allen Versuchen auf, Dinge und Menschen zu kontrollieren oder zu manipulieren. Auch wenn Sie bis jetzt geglaubt haben, auf diese Weise das zu bekommen, was Sie sich wünschen. Dies ist nicht der richtige Weg dazu.

Wenn Sie loslassen, entdecken Sie in der Entspannung, daß Ihnen gerade in diesem Zustand das bildhafte, schöpferische Vorstellen mühelos gelingt. Das Wichtigste dabei ist aber immer, sich das Bild vorzustellen, es mit einem starken Gefühl der Freude zu verbinden und sich bewußt zu machen, daß es so ist.

Zu erkennen, daß es so ist, bedeutet, es in der Gegenwart zu empfangen. Den erwünschten Zustand in die Zukunft zu verlegen, bringt keine Veränderung. Wenn Sie sagen: »Ja, das wäre schön, wenn ich so schlank wäre oder wenn mir meine Arbeit soviel Freude machen würde«, verlegen Sie die Erfüllung in die Zukunft und es passiert gar nichts. Denn die Zukunft kommt nie. Das ist eine Falle, in die viele hineingeraten. Sie leben immer nur in der Gegenwart. In dem Augenblick, wo Sie dieses innere Bild anschauen und es als Ihre Wirklichkeit annehmen, ist es Wirklichkeit.

Ich möchte Sie an eine Stelle in der Bibel erinnern, über die ich in der Schulzeit im Religionsunterricht immer gestolpert bin, weil sie grammatikalisch so falsch formuliert schien: »Bittet und glaubt, daß Ihr erhalten habt, und es wird Euch werden.« Da habe ich gesagt: »Was für ein Quatsch! Wozu soll ich um etwas bitten und dann glauben, ich hätte es bekommen. Dann brauche ich ja nicht zu bitten, wenn ich es bekommen habe. Und dann soll ich auch noch glauben, ich habe es schon. Das hebt sich ja gegenseitig auf, das ist unsinnig.«

In Wirklichkeit aber ist es die exakte Beschreibung des geistigen Gesetzes. Denn bitten heißt, sich bewußt zu machen, was wir haben möchten, wie es sein soll. Bitten heißt auch glauben, daß wir es erhalten haben, es als innere Wirklichkeit annehmen. Dann muß es außen in Erscheinung treten. Das ist das Gesetz, und darauf können wir uns verlassen.

Wenn jemand Jesus bat: »Herr, heile mich«, sagte er nicht: »Klar, ich bin ja der Erlöser. Dazu bin ich gekommen. Also wovon soll ich Dich erlösen?« Er fragte immer zuerst: »Glaubst Du?« Und wenn der andere dann sagte: »Ja, Herr, ich glaube«, sagte er immer noch nicht: »Na gut, dann wollen wir mal«, sondern: »Dir geschehe nach Deinem Glauben.« Das war der Vollzug des Gesetzes. Einem jeden geschieht nach seinem Glauben. Das ist das ganze Geheimnis. Was immer Sie glauben - ob Sie glauben, daß Sie etwas schaffen, oder ob Sie glauben, daß Sie etwas auf keinen Fall erreichen - Sie werden immer recht behalten. Das Leben verwirklicht Ihren Glauben. Die inneren Bilder sind nichts anderes als Prägungen innerer Glaubenssätze. Solange ein negatives Bild besteht, wird das Leben sich entsprechend verhalten. Schauen Sie nach innen auf die Ursache und verändern Sie diese nach Ihren Wünschen!

Wenn Ihnen Ihr Lebensfilm nicht gefällt, hören Sie auf, an der Leinwand herumzuschnippeln. Wenn Ihnen der ganze Film nicht gefällt, müssen Sie im Projektor einen anderen Film einlegen. Wenn Ihnen nur Teilstücke mißfallen, betätigen Sie sich als Cutter. Es ist tatsächlich so einfach wie abends beim Fernsehen. Wenn Ihnen das Programm nicht gefällt, wählen Sie mit der Fernbedienung ein anderes Programm, und schon haben Sie ein anderes

Bild. Dieses ist dann Ihre Wirklichkeit. Mit jedem Bild, das Sie in Ihrem inneren Speicher ändern, ändern Sie Ihren Lebensfilm, ändern Sie Ihre Wirklichkeit.

Stellen Sie sich Ihre inneren Bilder wie Dias im Projektor vor. Die Lebensumstände, das, was Sie erleben, das ist die Projektion dieser inneren Dias. Sie können sagen: »Ich weiß nicht recht, ich habe so ein Pech. Ich finde einfach nicht den richtigen Partner. Schon ein paarmal habe ich gehofft und gedacht, daß er es sei. Und immer wieder hatte ich das gleiche Pech. Immer wieder!« Jeder kann hier voraussagen, daß es auch in zwanzig Jahren noch so sein wird, wenn dieses Dia nicht geändert wird. Ihnen passiert das, was Ihrem inneren Bild entspricht.

SELBSTWERTGEFÜHL

Es gibt Menschen, die wirklich schön sind. Es ist eine Freude, sie anzusehen. Doch wenn man mit ihnen spricht, ist zu erfahren, daß die meisten mit ihrem Äußeren nicht zufrieden sind. Wir alle sind nämlich darauf trainiert, im Spiegel überkritisch zu beobachten, wo es nicht stimmt, so daß wir das Schöne gar nicht mehr wahrnehmen. Die Haltung ist nicht richtig, da ist man ein bißchen zu dick, dort könnten auch noch Pfunde weg und dafür mehr Muskeln dazukommen. Die Augen strahlen nicht, das Haar könnte glänzender sein und voller und lockerer. Weil wir ein mehr oder weniger negatives Selbstbild haben, entspricht unser Leben diesem Selbstbild. Und unsere Erfolge halten sich in Grenzen. Wir erreichen nicht, was wir wollen und können nur davon träumen. Dabei wäre es so einfach. Das wäre vielleicht der erste wichtigste Schritt, vom Wissen zum Tun zu kommen.

Wenn Sie, wie die meisten Menschen, kein ausgeprägtes Selbstwertgefühl haben, wenn Sie sich selbst nicht lieben, können Sie auch nicht glauben, daß ein anderer Sie liebt. Wie sollte er Sie lieben, wo Sie doch wissen, daß Sie nicht liebenswert sind? Sie haben sich aus irgendeinem Grund irgendwann dafür entschieden, nicht liebenswert zu sein. Wenn Ihnen jemand begegnet, Sie kennenlernt und Ihnen sagt, er liebe Sie, denken Sie: »Na ja, vielleicht meint er/sie es im Moment sogar ehrlich, aber das ist nicht die Wirklichkeit. Er/sie wird bald dahinterkommen.« Mit diesem inneren Bild vergraulen Sie den Menschen so lange, bis er geht. Sie haben einmal mehr recht bekommen und Ihr inneres, negatives Bild gefestigt.

Auch hier ist das schöpferische Visualisieren eine wunderbare Möglichkeit, das Selbst-Bild grundlegend zu verbessern. Nehmen Sie zudem jede Gelegenheit wahr, um sich selbst liebevolle, aufbauende Dinge im Sinn von positiven Affirmationen zu sagen. Es kann hilfreich sein, wenn Sie dazu Ihren eigenen Namen verwenden und die Affirmation in der zweiten Person formulieren. Das könnte sich so anhören: »Christine, Du bist eine schöne, empfindsame, warmherzige Frau. Alle lieben Dich dafür.«

Wir alle sind göttliche Wesen und haben deshalb unendlich viel Liebe in uns. Je mehr wir diese Liebe ganz bewußt uns selbst geben, sie dann nach außen verströmen lassen, desto mehr Energie der Liebe fließt zu uns zurück.

In dem Augenblick, wo Sie Ihr Selbst-Bild ändern, können Sie Ihr Leben weiter beobachten und es wird Ihnen laufend Bestätigungen für diese Änderung liefern. Wenn Sie es einmal vollzogen haben, werden Sie sagen: »Warum unterrichtet man das nicht in der Schule? Warum erfährt man das nicht viel früher? Das wäre doch wichtiger, als zu hören, wann Karl der Große gelebt hat, wieviel Braunkohle in Südaustralien gefördert wird, wieviele Einwohner diese und jene Stadt hat, oder ähnliches. In der Schule müßte man lernen, die inneren Bilder zu optimieren, sein Schicksal zu bestimmen und glücklich zu werden!«

Eine Frage, die mir immer wieder gestellt wird, befaßt sich mit den Prägungen. Wie kommen wir unseren Prägungen auf die Spur, denn die meisten davon sind wohl in der frühesten Kindheit entstanden. Da diese aber oft unbewußt sind, fällt es schwer, sie zu erkennen. Brauchen wir alle Rückführungen?

Die Antwort lautet »Nein«. Wir brauchen keine Rückführungen. Wir sollten in den wichtigsten Bereichen anfangen, bewußt zu werden. Das beginnt beim Betrachten des Selbstbildes, des Selbstwertgefühls. Das Selbstwertgefühl ist das Ergebnis der Beziehung zu sich selbst. Es ist richtig, daß ein großer Teil des Selbstwertgefühls in der Kindheit durch Eindrücke von Eltern, Geschwistern, Lehrern und Freunden entsteht. Leider ist es später oft so, daß wir uns viel zu wenig um uns selbst kümmern, obwohl wir immer mit uns selbst zusammen sind. Wir konzentrieren uns eher auf andere, sehen ihre Fehler und Stärken, anstatt unser Bewußtsein auf uns selbst zu lenken. Die meisten von uns unterliegen auch dem verbreiteten Irrtum, sie könnten einen anderen mehr lieben, mehr achten, einem anderen mehr geben als sich selbst.

Um mit anderen auszukommen, müssen wir zuerst mit uns selbst auskommen. Um andere achten und lieben zu können, müssen wir zuerst uns selbst achten und lieben.

Viele von uns haben als Folge eines schwachen Selbstwertgefühls schlechte Eigenarten, und trotzdem gibt es keine Entschuldigungen dafür. Manche sparen nicht mit Rechtfertigungen, wie z.B.: »So bin ich eben« und erwarten sogar noch Nachsicht für die Verletzungen, die sie anderen zufügen. Dies ist jedoch mehr als unfair, denn im Grunde handelt es sich um ein Übertreten des Gesetzes der Liebe.

Die einzige Möglichkeit, eine schlechte Eigenart loszuwerden, besteht darin, eine gute zu entwickeln. Es ist nicht möglich, an Geist und Seele zu wachsen, ohne seine Unzulänglichkeiten loszulassen und an deren Stelle gute Eigenschaften zu setzen. Es ist nicht schwer, sich zu ändern, wenn man es wirklich will.

Arbeiten Sie an sich, finden Sie die wahre Ursache einer eventuellen schlechten Eigenart. Heilen Sie sich durch Erkennen, Umprogrammieren und Hinwenden zum Göttlichen. Wenn Sie glücklich, erfolgreich und gesund sein wollen, bleibt Ihnen nichts anderes übrig, als sich zu optimieren. Glauben Sie dabei ohne jede Einschränkung an sich selbst!

Wer sein Selbstwertgefühl erhöhen will, sollte sich regelmäßig Gutes tun. Fragen Sie sich bei allem, bevor Sie es tun, ob Sie das wirklich wollen. Reden Sie über sich selbst und andere nur das Beste. Gönnen Sie sich Spezielles und Entspannendes. Lassen Sie sich massieren, nehmen Sie ein duftendes Bad, verwöhnen Sie sich mit einer köstlichen Mahlzeit, schenken Sie sich Blumen. Werden Sie sich selbst der beste und zuverlässigste Freund. Lieben Sie sich, denn Sie werden weiterhin tagaus, tagein mit sich selbst zusammensein.

Vergleichen Sie Ihr Innenleben mit einem Garten. Ihre Gedanken und Bilder sind Samenkörner, die Wurzeln schlagen und aus denen eine bestimmte Pflanze mit Blüten und Früchten hervorgeht. Das, was Sie ernten, repräsentiert das, was Sie im Außen als sogenanntes »Schicksal« in Ihrem Leben vorfinden.

Reißen Sie alle Pflanzen in Ihrem Garten rigoros aus, die Ihnen keine erwünschten Früchte bringen. Dies bedeutet eine tiefgreifende Arbeit im wahrsten Sinne, denn viele Pflanzen und vor allem das Unkraut, pflegen tiefreichende, starke Wurzeln zu haben. So genügt es eben nicht, ein bißchen an der Oberfläche herumzuschneiden und das Wesentliche darunter außer acht zu lassen.

Wenn Sie diese Arbeit getan haben, bebauen Sie Ihren Boden sorgfältig. Hegen, pflegen Sie ihn und halten Sie jedes Unkraut fern. Was Sie dann noch brauchen, ist Vertrauen und Geduld. Haben Sie Vertrauen in das Göttliche, in die Natur, denn alles gedeiht aufs beste, wenn Sie es wirklich der Einen Kraft anvertrauen. Besser und umfassender, als Sie dies tun könnten. Lassen Sie Ihre Pflanzen in Ruhe wachsen. Vermeiden Sie es, immer wieder voller Ungeduld in der Erde herumzugraben, um nachzusehen, ob die erwünschte Pflanze schon kräftige Wurzeln geschlagen hat. Sie wird bei einem solchen Verhalten nie zu ihrer vollen Schönheit erblühen. Vielmehr stirbt sie vermutlich ab.

Hier ein paar praktische Fragen, mit deren Hilfe Sie sich ans Werk machen können, Ihr Inneres zu erforschen:

Welche inneren Bilder haben Sie betreffend Ihrer eigenen Person?

- Wie beurteilen Sie Ihr Aussehen?
- Wie beurteilen Sie Ihren Erfolg?
- Wie beurteilen Sie Ihre Gesundheit?
- Wie sehen Sie Ihre partnerschaftliche Situation?

Schauen Sie einmal hin und spüren Sie diese Energien. Sie brauchen sie nicht unbedingt als Bilder zu sehen. Sie können diese Energien auch erfühlen.

- Sind sie positiv oder sind sie negativ?
- In welcher Beziehung sind sie positiv, in welcher sind sie negativ?
- Und wie hätten Sie die Energien gern?

Denken Sie daran, daß Sie in diesem Augenblick die Chance haben, Ihre Persönlichkeit neu zu bestimmen. Nehmen Sie an, alle Prägungen wären gelöscht, alles auf Null gestellt. Jetzt können Sie wie ein Kind wieder neue Prägungen annehmen.

- Welches Bild hätten Sie gern von sich?
- Wie wären Sie gern?

Machen Sie sich ein Bild von sich, wie Sie gern sein wollen. Am besten sagen Sie es sich laut vor.

Wählen Sie ein Bild, das Sie gerne hätten. Machen Sie nicht den Fehler, sich an etwas zu hängen, das gar nicht zu Ihnen paßt, gegen das Sie sich innerlich wehren. Schaffen Sie sich ein Bild, dem Sie wirklich zustimmen können, mit dem Sie sich so richtig wohl fühlen. Gehen Sie tief in sich hinein und erfühlen Sie, wie Sie gern sein wollen in Ihrem Verhalten, in Ihrem Aussehen, gesundheitlich, in der Partnerschaft, im Beruf, im Erfolg. Denken Sie sich das alles aus. Sie werden feststellen, was mit Ihnen übereinstimmt und was nicht. Sie werden erfahren, wie Sie gemeint sind.

Schließen Sie Ihre Augen, fragen Sie sich und nehmen Sie wahr:

- Wie bin ich körperlich gemeint?
- Wie bin ich seelisch gemeint?
- Wie bin ich geistig gemeint?
- Wie bin ich finanziell gemeint?
- Wie bin ich beruflich gemeint?
- Wie bin ich partnerschaftlich gemeint?
- Wie bin ich auf der allumfassenden Ebene der Liebe gemeint?
- Wie bin ich wirklich; wie bin ich in meinem wirklichen Sein?

Spüren Sie einfach einmal, wie Sie gemeint sind. Was stimmen würde. Der Verstand hätte vielleicht gern einiges ein bißchen anders, aber dann würde es für Sie nicht stimmen, wäre es nicht Ihre wahre Entsprechung.

Gehen Sie die einzelnen Bereiche durch, und finden Sie heraus, was paßt und was nicht. Wenn Sie in einem Bereich ein Bild gefunden haben, sich entschieden haben, daß es für Sie stimmt, verankern Sie es in Ihrer inneren Bildergalerie. Sagen Sie mit einem starken Gefühl der Freude und Dankbarkeit: »Ja, genau, das ist sehr gut, das bin ich!«

Versenken Sie sich in dieses Gefühl des Stimmigseins. Stellen Sie sich vor, Sie seien Gott und hätten sich vorgenommen, sich selbst neu zu gestalten, neu zu schaffen, neu zu schöpfen. Sie erneuern sich jetzt vollkommen, hören nicht eher damit auf, bis Sie rundum in jedem Bereich sagen: »So stimmt es wirklich.« In dem gleichen Augenblick, in dem Sie ein Bild annehmen, ist es Ihre Wirklichkeit. Wenn es wirklich stimmt, wenn Sie es glauben, beginnt das Leben im gleichen Augenblick, sich nach diesem inneren Bild zu verhalten. Die Körperzellen werden nach diesem neuen und heilen Bild angeordnet. Die Lebensumstände, der Zufall, den es nicht gibt, arbeiten sofort entsprechend Ihrem inneren Bild. Ihr ganzes Leben beginnt, sich in diesem Augenblick zu ändern. Seien Sie wie ein Bildhauer, der einen großen Stein bearbeitet und alles wegschlägt, bis dieses innere Bild zum Vorschein kommt. Seien Sie ein Künstler, der ein Kunstwerk erschafft. Das Kunstwerk ist Ihr Leben.

Arbeiten Sie immer wieder daran! Genießen Sie es immer wieder, Ihr Leben neu zu gestalten, es noch einmal überzupolieren, noch präziser auszuformen.

Das zu erschaffen ist eine lebenslange Aufgabe. Und es gibt keine höhere Kunst, als so sein Leben zu bearbeiten und dadurch das verfügbar zu machen, was in uns an Wahrem im verborgenen geschlummert hat.

Ändern Sie die Identifikation. Sie sind der, der ist. Sie sind nicht so oder so, schön oder nicht schön, schlank oder dick, erfolgreich oder ein Pechvogel. Das sind Sie alles nicht. Sie sind der, der bestimmt, wie Sie sind. Der sind Sie wirklich. Und Sie können in jedem Augenblick neu bestimmen. Sie haben in jedem Augenblick die Wahl. Sie sind der Schöpfer. Sie sind der, der bestimmt, was geschieht.

WOHL-STAND

Dies ist auch das ganze Geheimnis des Reichtums. Denken Sie nicht, daß die Leute, die es zu Reichtum gebracht haben, intelligenter seien als Sie. Sie müssen auch keineswegs fleißiger sein. Sie haben nur ein anderes inneres Bild. Für sie ist es ganz selbstverständlich, daß alles was sie tun, zu Wohlstand führt. Dieses Wissen ist bei reichen Menschen fest verankert. Sie brauchen sich dieses Bildes nicht einmal bewußt zu sein.

Ich habe mir dieses Bild ganz bewußt vor etwa dreißig Jahren zugelegt. Alles, was ich anfasse, führt zum Erfolg. Ich höre einfach nicht früher auf. Das ist bei Geldangelegenheiten, wie bei allem anderen auch, ein weiteres Geheimnis: Die Beharrlichkeit. Genau das könnte jeder erreichen. Wir könnten in jedem einzelnen Fall erfolgreich sein.

Eine andere Tatsache ist es, daß im Grunde für alle mehr als genug da ist. Überall herrscht Fülle. Gott ist eine unerschöpfliche Quelle, das Universum voller Überfluß. Es liegt an Ihnen, sich diesem Überfluß hinzugeben, innen und außen reich zu sein.

Finanzielle Unabhängigkeit bedeutet, niemals etwas für Geld zu tun, das man nicht wirklich tun will. Es bedeutet weiter, sich niemals etwas, das man will, aus Geldmangel zu versagen.

Reichtumsbewußtsein macht das Leben lustvoll, einfach und unterstützt zudem Sicherheit und Selbstvertrauen.

Es gibt einige wesentliche irrige Annahmen über Geld:

1. Man muß hart arbeiten, um Geld zu verdienen.

   Wenn dies so wäre, würde es sehr viel mehr reiche Leute geben. Die Wahrheit ist jedoch die, daß Reiche im allgemeinen wesentlich weniger arbeiten als Arme.

2. Es ist übertrieben, daß man für sein Vergnügen
auch noch bezahlt wird.

   In Wahrheit gibt es wohl keinen erfolg-reichen Menschen auf dieser Welt, der an seiner Arbeit nicht große Freude empfindet. Wer seinen Job mit Unlust gequält verrichtet, hat sehr geringe Möglichkeiten, damit reich zu werden.

3. Es gibt nicht genügend Geld auf dieser Erde.

   Diese Vorstellung hilft mit, daß weniger wohlhabende Menschen die Reichen im negativen Sinn beneiden. Doch gerade diese Gefühle der Mißgunst und des Neides läßt arme Menschen arm bleiben.

   Es steht genügend Geld zur Verfügung, um die Armut auf diesem Planeten zu beenden, wenn wir bereit sind, unsere falschen Denkmuster aufzugeben.

4. Geld und Spiritualität passen nicht zusammen,
da Geld zu materiell ist.

   Die Wahrheit ist, daß das ganze Universum göttlich ist. Auch unser Körper ist Materie, jeder Stuhl ist Materie, und doch würde niemand auf die Idee kommen, zu behaupten, wir müßten körperlos sein, um auf dem spirituellen Weg voranzuschreiten. Wir stellen unsere Spiritualität auch nicht in Frage, wenn wir es uns erlauben, auf einem Stuhl zu sitzen.

   Gott manifestiert seine Kraft gerade auch in Form von materiellen Dingen wie dem Körper, Erbautem oder Geld. Was Sie daraus machen, liegt in Ihrer Verantwortung.

Wichtig ist, daß Sie diesen ersten Schritt tun und erkennen, wie lebensbestimmend Ihre inneren Bilder sind. Wenn Sie ein inneres Bild von Mangel und Armut haben, wenn Sie glauben, es nicht wert zu sein, es nicht zu schaffen, dann können Sie fünfzehn, sechzehn Stunden täglich arbeiten, in Abendkursen Ihre Intelligenz schulen, dieses Diplom erwerben und jenes, einen IQ-Test machen und den Quotienten 140 erreichen; doch Sie werden arm bleiben und es nicht schaffen. Solange dieses Dia in Ihnen Ihre Lebensumstände bestimmt, haben Sie keine Chance. Sobald Sie das Dia des Mangels durch ein Dia des Reichtums, des Wohlstandes, der Gesundheit, des Beliebtseins oder was auch immer Ihnen wichtig ist, ersetzt haben, ändert sich Ihr ganzes Leben. Sie können alles haben. Mehrere, viele glücksbringende Dias. Denn es gibt kein Gesetz des Irrtums und auch sonst nichts, das einfach aus dem Leeren Ihre Probleme schaffen könnte. Aber negative innere Entsprechungen wirken immer auch destruktiv im Außen. Das Gefühl echter, innerer Freude ist das Heilmittel für alle menschlichen Beschwerden. Es ist das Reich des Himmels, von dem Jesus spricht.

Geld und Finanzen scheinen bei vielen ein sehr allergischer Punkt zu sein. Entweder sie sind hinter dem Geld her wie der Teufel hinter einer armen Seele, oder sie haben sich von dem schnöden Mammon abgewandt, weil sie auf dem geistigen Weg sind. Das eine ist so falsch wie das andere, weil nämlich beides einseitig ist.

Entweder streben Sie nach Geld und denken, es sei die Seligkeit, um irgendwann enttäuscht zu werden, oder aber Sie wenden sich vom Geld ab und erkennen, daß sich auch das Geld von Ihnen abwendet.

Wenn Sie Sehnsucht nach mehr Geld haben - das ist durchaus legitim - sollten Sie einmal Ihr inneres Bild ins Bewußtsein nehmen. Welches innere Bild haben Sie? Wie reich sind Sie innerlich? Wieviel Geld gehört Ihrer Meinung nach zu Ihnen?

Denken Sie nicht, wieviel Sie gern hätten, sondern wieviel Ihnen, Ihrem Bewußtsein entspricht. Dann werden Sie erkennen: Wenn es im Außen einen Mangel gibt, gibt es im Innen einen Mangel. Somit haben Sie ein Armutsbewußtsein, sind es sich nicht wert, mehr zu bekommen. Dieses Dia, dieses innere Bild müssen

Sie ändern. Sie müssen sich wert sein, jetzt vom Leben mehr zu bekommen. Solange innen Mangel herrscht, kann außen nicht Fülle in Erscheinung treten.

Es ist für alle genug da. Die Menschen hätten sich vor 100 Jahren nicht träumen lassen, in welchem Wohlstand wir heute leben. Vor wenigen Jahren war es noch undenkbar, wie selbstverständlich allmählich der Zweitwagen geworden ist. Damals waren 22 Millionen Autos in der Bundesrepublik zugelassen, und die Experten haben hochgerechnet, daß bei 24 Millionen die Sättigungsgrenze erreicht ist. Wir nähern uns jetzt den 35 Millionen. Immer neue Bereiche werden aufgetan. Früher hatten nur Millionäre, Milliardäre Zweit-, Drittwagen. Heute gibt es viele ganz normal verdienende Familien, die zwei oder drei Autos haben, weil sie diese brauchen.

Schauen Sie deshalb hin, wie Ihr innerer Reichtum aussieht. Imaginieren Sie, vor einer Tür zu stehen mit der Aufschrift: Meine innere Bildergalerie. Wenn Sie sich bewußt sind, bereit sind, machen Sie die Tür auf und gehen in den Raum hinein.

An der Wand hängt ein Rahmen mit einem Bild und dem Titel: Bild meines inneren Reichtums. Schauen Sie sich ganz bewußt dieses Bild an. Lassen Sie geschehen, was geschieht, wenn Sie dieses Bild betrachten. Machen Sie sich auch bewußt, was Sie daran ändern müssen, damit im Außen mehr Fülle in Erscheinung treten kann. Wie müßte das Bild aussehen, damit Fülle Wirklichkeit in Ihrem Leben wird?

Wenn Sie wollen, ändern Sie dieses Bild, ändern Sie damit ganz bewußt Ihr Bild des inneren Reichtums. Ändern und ergänzen Sie das Bild so lange, bis es Ihnen richtig gefällt, bis Sie spüren, daß es so stimmt, so richtig zu Ihnen gehört.

In dieser Zufriedenheit schauen Sie sich Ihr vollendetes Werk noch einmal mit einem Gefühl der Freude und Dankbarkeit an, in der Gewißheit, die Ihnen entsprechende Fülle im Außen jetzt zu erhalten. Dieses Bild beginnt jetzt zu wirken, verursacht jetzt die entsprechende Fülle im Außen, läßt sie in Erscheinung treten.

Vielleicht schauen Sie zu, wie es im Außen aussieht. Wie tritt die Fülle in Erscheinung? Als was manifestiert sie sich? Als Geld, als Erfolg, als Anerkennung, als Glück oder als Erfüllung? Reichtum hat viele Gesichter. Machen Sie sich bewußt, wie sich dieses Bild im Außen manifestiert und seien Sie dankbar.

Und wann immer Sie bereit sind, lösen Sie sich mit einem letzten wohlwollenden Blick auf Ihr Bild aus der Situation, öffnen wieder Ihre Augen und sind ganz im Hier und Jetzt.

Auch ich habe mein inneres Bild vom Reichtum angesehen und war ganz überrascht. Ich stand da wie das Sterntaler-Mädchen, mit einem kurzen Hemd. Ich habe das Hemd hochgehalten, und das Geld fiel hinein. Langsam wurde es schwer, weil so viel hineinfiel. Da sagte ich mir, soviel will ich auch wieder nicht, und alsbald verschwand ein Teil davon. Ich hatte nun so viel, wie ich gerade tragen konnte und fragte: »Wie wäre es denn ganz ideal? Wenn so viel drin ist, daß es mich nicht belastet, aber doch immer genug. Immer wenn ich hineingreife, um etwas herauszuholen, muß noch etwas drin sein.« Wann immer ich hineingreife, ist immer genug drin und noch ein kleiner Rest. Ich habe mein Idealbild gestaltet. Zuerst war es mir ein bißchen zuviel, zu schwer. Da bekam ich Muskelkater in den Armen. So viel brauchte es gar nicht zu sein.

POSITIV UND NEGATIV

Viele Menschen stellen fest, daß sie ihr Wissen besser leben können, wenn sie allein sind. Sobald sie aber von anderen umgeben sind, die das Wissen um innere Entsprechungen in Abrede stellen, fallen sie immer wieder in die alten Verhaltensmuster zurück. Sie lassen sich beeinflussen und geben sich selbst auf.

Aber nichts kommt einfach so über jemanden. Ein anderer Mensch kann Ihnen nur seine Meinung sagen. Doch diese Meinung muß mit der Ihren nicht übereinstimmen. Machen Sie sich einmal den Mechanismus bewußt. Kein anderer kann Ihnen ein Bild machen. Das müssen Sie selbst tun. Kein anderer kann Ihnen seine Meinung aufzwingen. Sie müssen sie schon selbst annehmen. Niemand auf der Welt hat die Fähigkeit, die Macht, die Möglichkeit, Ihnen ohne Ihr Einverständnis eine Prägung einzugeben. Wenn Sie ein paarmal eine Meinung hören oder vielleicht sogar nur einmal von jemandem, den Sie ernst nehmen, sollten Sie diese trotzdem zuerst prüfen, bevor Sie sie als Ihre eigene annehmen. Passen Sie sich nicht an, wenn es nicht zu Ihnen paßt.

Warum hat diese Beeinflussung wider besseres Wissen dennoch ab und zu Erfolg? Hier zeigt sich, daß wir noch immer offen sind für Bilder. Wenn andere uns beeindrucken, also Bilder eingeben, sind wir offen, sind wir beeindruckbar. Dann hinterläßt das einen Eindruck. Dann leben wir ein Leben, das uns gar nicht entspricht. Wir können uns sogar darüber ärgern, doch besser ist es, dies zu ändern.

Nehmen Sie jede Meinung ernst, aber prüfen Sie sie, schicken Sie diese Bilder erst durch einen Filter, bevor Sie sich entscheiden, ob Sie sie auch als zu Ihnen gehörend annehmen wollen. Wenn es für Sie nicht stimmt, können Sie dem anderen freundlich und bestimmt sagen, daß es seine Meinung sei, welche zu seinem Leben passe. Ihr Leben aber sei ein anderes.

Mit dieser Haltung bestärkt Sie das Beeindrucken nur in Ihrer eigenen Meinung. Dann werden die anderen zwar sagen: »Du bist bockig und eigenwillig. Mit Dir kann man ja nicht reden.« Aber Sie nehmen nicht mehr automatisch alles an, was andere sagen. Sie werden nicht mehr von anderen gelebt. So nehmen Sie jede Meinung als neue Chance. Denn vielleicht ist die andere einmal besser. Prüfen Sie immer, ob Ihre Meinung für Sie noch stimmig oder ob sie veraltet, ungültig geworden ist und Sie sie deshalb gegen eine neue, Ihrem jetzigen Leben angepaßte eintauschen wollen. So wird die Beeinflussung durch andere Ihnen immer wieder zu einer Chance, eine bessere Meinung anzunehmen. Das ist dann die Entscheidung, die Sie allein zu treffen haben.

Bei dem Problem der Beeindruckbarkeit begegnete ich auch folgender Frage: Zwei sitzen in einem Büro und der eine sagt: »Ich will jetzt geschäftlichen Erfolg.« Doch der andere mit einer oder mehreren Blockaden meint: »Das geht nicht so schnell, das dauert noch, das klappt vielleicht nie.« Welcher von beiden wird sich durchsetzen?

Es kann sein, daß beide gewinnen. Wenn derjenige, der Erfolg will, ein Siegertyp ist, wird er auch gewinnen. Denn er hält unentwegt sein Bild vom geschäftlichen Erfolg aufrecht - unbeirrbar. Genau so, wie er ihn haben will. Er weicht nicht davon ab, läßt sich vom anderen nicht beeinflussen, vermischt sein Bild nicht mit dem des anderen, sondern koppelt es davon völlig ab. Er »zieht den Stecker heraus«, grenzt sich ab und sagt sich: »Das negative ist sein Bild. Meins ist durch und durch positiv.« Wenn er das stärkere Bild, mit mehr Gefühl, öfter erzeugt als der andere, wird er sich durchsetzen. Es kann auch sein, daß er den Negativdenker irgendwann mitzieht, davon überzeugt, daß das Leben auf diese

Weise viel wundervoller ist. Andererseits könnte es mit der Zeit zu hart und zu anstrengend werden, die eigene Energie ständig zusätzlich dafür einzusetzen, eine negative Mauer zu überwinden.

Wenn der andere nämlich genauso häufig und genauso stark sein negatives Bild heraufbeschwört, wird auch er »gewinnen«. Es ist anzunehmen, daß die beiden in diesem Fall bald getrennte Wege gehen werden. Der eine als Sieger, der andere als Verlierer.

Erstaunlicherweise haben wir seltener die Begeisterung, das positive Bild zu halten als das negative. Die Negativdenker kreieren den ganzen Tag Negatives, und es fällt ihnen auch noch leicht: »Ach, es klappt sowieso nicht. Versuch' es doch gar nicht erst. Das haben wir alles auch schon probiert. Glaub' doch so etwas nicht.« Sie brauchen Entschuldigungen vor sich selbst. Sonst können sie nicht bestehen, weil sie nichts für ihren »Erfolg« tun. Dauernd reden sie sich ein, sie seien auf dem rechten Weg, bloß die anderen nicht. »Der ist ja verrückt, daß er so etwas versucht, der arme Irre.« Sie wenden sich jedesmal innerlich ab, wenn ein anderer positiv denkt, um ihr Leben so zu halten, wie es ist. Begeisterung für ein positives Bild lassen sie gar nicht erst aufkommen.

Der Denkprozeß sollte aber von positiven Gedanken und Bildern beherrscht werden. Zusätzlich können Sie das durch verschiedene Hilfsmittel unterstützen. Es ist nicht nur wichtig, die eigenen Fehlmuster zu erforschen, sich alsdann positiv umzuprogrammieren, sondern es ist ebenso unerläßlich, sich auch im Alltag das Beste zukommen zu lassen. Legen Sie großen Wert auf erbauende Bücher, Filme und Gespräche. Kontrollieren Sie nebst Ihren Gedanken auch Ihr Reden und motivieren Sie sich selbst immer wieder durch Kassetten, Positivaffirmationen und andere unterstützende Maßnahmen.

Also bestimmen Sie bewußt, was geschieht, nicht irgendwann, sondern jetzt. Seien Sie ein Selbst-Zünder. Warten Sie nicht länger auf jemanden oder etwas, der/das fortan Ihre Wünsche und

Bedürfnisse erfüllen soll. Raffen Sie sich auf, und tun Sie es selbst! Starten Sie Ihre Zündung, und übernehmen Sie die Eigenverantwortung für Ihr Leben. Nehmen Sie es in die eigenen Hände, denn auch Sie verfügen über Willenskraft. Lassen Sie diese nicht länger brachliegen, sondern wenden Sie sie an. Empfangen Sie, indem Sie werden. Je mehr Sie sind, desto mehr bekommen Sie. Eliminieren Sie alle wertlosen Gefühle, Gedanken und Bilder und ersetzen Sie sie durch konstruktive. Halten Sie voller Vertrauen daran fest und arbeiten Sie mit Ihrem aufbauenden Mental-Training. Alle Ihre Probleme besitzen immer nur so viel Gewicht, wie Sie ihnen zugestehen, denn sie sind völlig abhängig von Ihrem mentalen und emotionalen Zustand.

Mit unharmonischen Situationen in der Partnerschaft, im Beruf oder im sonstigen Leben fertigzuwerden, ist das Problem vieler Menschen auf dieser Welt. Da wir durch Erfahrungen und Fehler lernen, ist es uns selbst gegenüber verantwortungslos, immer wieder denselben Fehler zu begehen und dafür immer wieder andere verantwortlich zu machen. Indem wir andere für unser Leben verantwortlich machen oder sie sogar bekämpfen, bekämpfen wir uns im Grunde selbst. Nur lassen wir es an den anderen aus. Unser Lebensmotto sollte heißen: Es ist erlaubt, jeden Fehler zu machen, den wir zu machen wünschen. Doch sollten wir NIEMALS denselben Fehler zweimal begehen.

Entscheiden Sie sich für sich selbst. Sie sind der Künstler, der Ihr Leben gestaltet, der das Kunstwerk Leben schafft. Sie bestimmen, wie es aussehen soll, denn Sie können frei wählen. Und Sie haben in jedem Augenblick die Wahl. Sie sind sich selbst anvertraut. Sorgen Sie also dafür, daß Sie gut wählen. Enttäuschen Sie sich nicht.

In der Bibel heißt es bei Lukas: »Das zu sich selbst Kommen ist ein Merkmal echter Wandlung.« Kommen Sie endlich zu sich selbst, zu dem, der Sie wirklich sind - der Schöpfer, der Künstler, der Meister - und gestalten Sie Ihr Leben.

Was Sie bis heute auf der Leinwand Ihres Lebens gemalt haben, können Sie alles übermalen. Jeder einzelne Teil kann neu gestaltet werden. Sie können auch das Ganze neu streichen, indem Sie alles wegstreichen und neu anfangen. Oder Sie können ergänzen. Tun Sie, was Sie wollen, was für Sie stimmt, wie es Ihnen beliebt. Sie sind der Künstler, der das Kunstwerk Leben gestaltet.

Dann wird es gegenstandslos, welche Prägungen Sie in der Kindheit verinnerlicht haben, was Sie einmal geglaubt haben, wie Sie sich einmal verhalten haben, welche Bilder Sie einmal angenommen haben. Das ist Vergangenheit. Vergangenheit ist tot und kommt nie mehr wieder. Doch welchen Pinselstrich Sie JETZT in diesem Augenblick machen, das ist entscheidend!

Jemand hat einmal gesagt: »Manchmal tun Menschen auch das Richtige, aber meistens erst, wenn sie alle anderen Möglichkeiten ausgeschöpft haben.« Wir sollten vielleicht nicht so lange warten, sondern uns vielmehr bewußt machen, ob wir einen Unfall haben oder den Nobelpreis bekommen wollen, ob wir Opfer einer unvorhersehbaren Naturkatastrophe sind oder sechs Richtige im Lotto haben wollen. Was immer uns widerfahren mag, wir selbst erschaffen diese Wirklichkeit, bewußt oder unbewußt.

Berücksichtigen Sie Ihr Inneres. Legen Sie größten Wert auf die Aktivierung Ihrer inneren Kraft. Solange Sie nur im Außen werken, können Sie wohl einige Erfolge erzielen; den großen Durchbruch werden Sie so jedoch nicht schaffen. Wenn Sie sich durch Probleme und Verantwortungen in Ihrem Leben so sehr zermürben lassen, daß Sie sich ständig darüber beklagen, sind Sie auf dem besten Weg, gesundheitliche, partnerschaftliche und finanzielle Probleme zu manifestieren. Dies alles würde nur dazu beitragen, Ihre Situation noch weiter zu verschlechtern.

Seien Sie in jedem Bereich zielstrebig. Geradliniges Denken ist der Schlüssel! Er kann überall angewandt werden und wird Sie somit sicher zu einem glücklichen Leben führen. Es wirkt sich auf alle Bereiche äußerst ungünstig und streßfördernd aus, wenn Sie gleichzeitig in zwei verschiedene Richtungen gehen. Sei dies im Beruf, in der Partnerschaft, in gesundheitlichen oder sonstigen Angelegenheiten.

Es gibt ein paar Punkte, die Sie stets beachten sollten, wenn Sie ein erfülltes Leben leben wollen:

1. Interessieren Sie sich für das Leben. Verlieben Sie sich in das Leben, indem Sie Ihr inneres Glücksgefühl pflegen und aufrechterhalten. Schaffen Sie sich zudem Freiraum für Freizeit und Vergnügungen, für ausgedehnte Spaziergänge in der Natur, für geliebte Hobbies, Sport und auch für Zeiten des Nichtstuns.

2. Finden Sie Ihre ganz persönliche Lebensidee, Ihr edles Ziel. Vergewissern Sie sich vorerst aber gründlich, daß Ihr Ziel die nötigen Schritte auch wert ist, so daß Sie am Ziel nicht bereuen, es gewählt zu haben, sondern sich daran von Herzen erfreuen.

3. Interessieren Sie sich für Menschen. Dieses Interesse sollte mehr als bloßes Eigeninteresse sein, im Sinne von: Was kann der andere für mich tun? Lieben Sie die anderen, lernen Sie ihre Bedürfnisse kennen und verströmen Sie Ihre Freude, Ihr Wohlwollen, Ihre Aufmerksamkeit und Dankbarkeit.

4. Unterstützen Sie andere Menschen mit Ihrem Talent, Ihrer Zeit und Ihren finanziellen Möglichkeiten.

5. Verbessern Sie Ihr Verhältnis zu Gott, zu der EINEN Kraft, oder wie immer Sie es nennen wollen, durch Meditieren und Beten, um so immer mehr am Wunder Leben teilzunehmen.

RESONANZ

Wir unterliegen dem Gesetz der Resonanz. Dabei ist zu berücksichtigen, daß wir auch für Dinge, die uns nicht bewußt sind, resonanzfähig sind. Dieses Gesetz besagt, daß wir das wie magnetisch anziehen, was unserer Resonanz entspricht. Wenn wir für etwas nicht resonanzfähig sind, kann es nicht in unser Leben eintreten.

Wenn Sie selbst nicht ein idealer Partner sind, sind Sie demzufolge nicht resonanzfähig für den idealen Partner. Deshalb kann er Ihnen nicht begegnen. Und wenn er Ihnen begegnen würde, könnte er nichts mit Ihnen anfangen, weil Sie kein idealer Partner für ihn wären.

Machen Sie sich also auch bewußt, daß jeder in jedem Augenblick den richtigen Partner hat. Fragen Sie sich, warum Sie mit Ihrem jetzigen Partner zusammen sind. Was haben Sie in dieser Beziehung zu lernen, in welchem Bereich liegt die Möglichkeit einer Heilung für Sie? Denn jede Partnerschaft bedeutet immer auch Heilung von Verletzungen und Disharmonien in Ihnen selbst, sofern Sie die Bereitschaft aufbringen, daran zu arbeiten, anstatt den Partner für Ihre Lektion verantwortlich zu machen.

Wie wir schon festgestellt haben, ist es in vielen Bereichen - sei es Partnerschaft, Beruf, Erfüllung oder Gesundheit - das mangelhafte Selbstwertgefühl, welches als Resonanz mangelhafte und unglückliche Begebenheiten in unser Leben zieht.

Wenn Sie es sich nicht wert sind, Sie sich klein und hilflos fühlen, kann der Mitmensch Ihre Größe und Ihren wahren Wert auch nicht erkennen. Er spiegelt Ihnen Ihre eigene Vorstellung von sich selbst wider. Ihre Heilungschance liegt im Erkennen, daß der andere, wenn meist auch unbewußt, Ihr eigenes Inneres widerspiegelt. Wenn Sie sich innerlich zu Ihrem Besten und Wertvollsten umprogrammieren, werden Sie bald auch im Außen erfahren, wie sehr die Menschen Sie schätzen und achten.

Alle Probleme, die wir haben, sind selbst erschaffen. Probleme gibt es nicht wirklich. Sie finden nur im Bewußtsein statt. Vor ein paar Jahren hatte ich einen Patienten, welcher sich erschoß, weil er nur noch 2,8 Millionen besaß. Die meisten von uns kämen mit einer solchen Summe ganz gut zurecht. Aber für ihn war das Leben nicht mehr lebenswert, weil er sich nicht vorstellen konnte, daß ein Mensch mit so wenig Geld überhaupt noch standesgemäß auftreten kann.

Auch wenn jemand sechs Richtige im Lotto hat und ein paar Millionen bekommt, sieht das für viele wie die Erfüllung eines Wunschtraumes aus. Doch für einige, bei denen dieser Wunschtraum in Erfüllung gegangen ist, wurde das Ganze zu einem Alptraum, und sie haben sich später umgebracht, da sie so verschuldet waren, wie sie es nie gewesen waren, als sie noch nicht zu den Reichen gehörten. Sie kamen mit der Situation nicht zurecht, weil sie die notwendigen Entsprechungen in ihrem Innern gar nicht hatten. Sie hatten darauf gehofft, daß dieser Reichtum ihr Glück sei und nicht früh genug erkannt, daß es eigentlich eine Lektion gewesen wäre.

Resonare heißt zurückklingen. Es kann nur etwas zurückklingen, was in uns klingt. Wir müssen es erst in uns selbst erschaffen. Es muß in uns vorhanden sein, damit es zurückklingen kann. Wir haben als erstes über die inneren Bilder gesprochen. Also ist es klar, daß diese erwünschten inneren Bilder von uns erschaffen werden müssen, damit das zurückklingt, was unser Leben glücklich macht. Dann sind wir für das Gute resonanzfähig. Wenn wir vollkommen sind, sind wir vollkommen resonanzfähig, kann alles in uns mitschwingen.

Allerdings stellen sich die meisten die Vollkommenheit sehr unvollkommen, nämlich recht einseitig vor. In ähnlicher Weise verfahren wir auch mit unserem Gottes-Bild. Wir sagen: »Gott ist gut, Gott ist die Liebe, Gott ist verständnisvoll, Gott ist gnädig, Gott ist barmherzig.« Wir schauen immer auf etwas sehr Menschliches.

Wenn Gott nur gut wäre, wäre er nicht vollkommen. Gott ist aber vollkommen. Vollkommen heißt, daß Gott vollkommen alles enthält, was es gibt. Gott ist auch das Böse, das mir begegnet. Wir benennen es nur anders. Gott ist vollkommen, deshalb ist Gott alles - jede Facette des Lebens. Jeder einzelne entscheidet jedoch, welcher Teil der Vollkommenheit ihm begegnet, für welchen Teil er resonanzfähig ist.

Wir kennen aus der Kriminologie, daß Täter und Opfer einander bedingen, sich gegenseitig anziehen. Wenn jemand Opfer wird, hat er eine Opfermentalität und sendet das ständig aus, weil er dafür resonanzfähig ist. Er braucht somit einen Täter. Früher oder später wird sich ein Mensch mit einer Tätermentalität finden. Beide tun sich zusammen, tun das, wofür sie resonanzfähig sind, zur Erfüllung der von ihnen gesetzten Ursachen. Der eine wird angeklagt und vielleicht sogar für seine Tat zum Tode verurteilt. Mit der gleichen Berechtigung könnten wir jedoch sagen, daß das Opfer die Tat verursacht hat.

Jemand mit einer starken Opfermentalität kann dem gar nicht ausweichen. Wenn er nicht früh genug sein Inneres verändert, wird er eines Tages genau diese Erfüllung finden.

Wenn Sie z.B. immer wieder eine große Angst vor Vergewaltigung in sich nähren, sich vorstellen, daß dies das Schlimmste wäre, das Ihnen passieren könnte, Sie immer wieder dieses Bild in sich tragen und das starke Gefühl der Angst damit verbinden, dann verursachen Sie es laufend. Wenn Sie es lang genug fortführen, wird das Leben irgendwann sagen: »Hier hat ein Schöpfer etwas verursacht, das sich jetzt erfüllen will.« Dann wird eine entsprechende Wirkung herbeigeführt. Ein Mensch mit der entsprechenden Mentalität wird mit Ihnen »zufällig« zusammengebracht.

Das Gegenteil ist, wenn ein Außenseiter der Gesellschaft, verzweifelt und betrunken, um Mitternacht in der Unterführung einer Großstadt mit einer Fahrradkette steht und sich in seinem Frust vornimmt, den nächsten, der durch die Unterführung kommt, zusammenzuschlagen. Doch der Nächste der kommt, sind Sie. Und Sie kommen gerade von einem Seminar, einer Gesprächsrunde oder einer Party und gehen in diese Unterführung. Es ist Mitternacht. Sie sind allein mit dem anderen. Was geschieht?

Es kommt auf Sie an. Es kommt darauf an, in welcher Schwingung Sie sich befinden. Wenn Sie große Angst bekommen, wird es sich vielleicht erfüllen. Sie werden im Krankenhaus wieder zu sich kommen, und der Arzt wird sagen: »Wir haben Sie nähen müssen, 18 Stiche. Wir haben Anzeige gegen Unbekannt erstattet. Gott sei Dank, daß Sie noch rechtzeitig hergebracht worden sind. Es hätte schlimmer kommen können.« Das ist die eine Möglichkeit.

Die andere Möglichkeit ist die, daß Sie Sie selbst sind. In diesem Selbstbewußtsein gehen Sie auf den anderen zu, an ihm vorbei und ...es passiert gar nichts. Der eigentliche Täter wird sich Minuten später voller Erstaunen fragen, was vorhin geschehen ist. Er hatte sich so fest vorgenommen, den nächsten zusammenzuschlagen und hat es nun doch nicht getan, nicht tun können, weil Sie dafür nicht resonanzfähig waren. Er wird vermutlich nie dahinterkommen und die Welt oder sich selbst nicht mehr verstehen.

Ich denke da noch an ein anderes Beispiel. Es war auch fast Mitternacht an der Bahnhofstraße in Zürich. Eine Dame kam aus einem Vortrag mit diesem Themenkreis, ganz erhoben und erfüllt von diesem Gedankengut. Da überfiel sie ein junger Mann von hinten, riß ihr die Handtasche aus der Hand und lief mit Geld, Schlüssel, Papieren und allem weg. Aber die Dame war so stark in einem höheren Bewußtsein, daß sie ihm nachrief: »Gott segne dich.« Der junge Mann lief noch ein paar Schritte, blieb stehen, schaute verblüfft zurück, guckte die Dame an und kam dann wie ein begossener Pudel auf sie zu, um ihr die Handtasche wiederzugeben.

Sie fragte: »Um was geht es?« und er antwortete: »Ich bin fremd hier, habe kein Geld und es ist Nacht.« Sie sagte zu ihm, das hätte er ihr auch eher sagen können und gab ihm 100 Fr. Sein Problem war gelöst und ihres ebenso, denn sie hatte ihre Hausschlüssel und alle Papiere wiederbekommen. Das Geld konnte sie gut entbehren, und so waren beide Beschenkte. Sie konnte die Theorie des Vortrags in die Praxis umsetzen, und der junge Mann hatte etwas erlebt, was ihm für den Rest seines Lebens in Erinnerung blieb. Beide waren zufrieden.

Wenn sie in die Opfermentalität, in die Angst gerutscht wäre, wäre es für sie sehr unangenehm geworden. All das ist zu vermeiden, selbst wenn es uns begegnet, wenn wir im richtigen Bewußtsein sind und bleiben.

Vielleicht sagen Sie jetzt, das sei aber nicht leicht. Es könnte auch sein, daß Sie in einer ähnlichen Situation dem jungen Mann einen kräftigen Ausdruck nachgerufen hätten. Vielleicht aber hätten Sie auch gar keinen Ton herausgekriegt vor lauter Schrecken.

Was immer geschieht, Sie entscheiden mit Ihrem Bewußtsein, was Ihnen widerfährt. Das ist das ganze Geheimnis. Sie entscheiden es in jedem einzelnen Augenblick. Und keine Epidemie, kein Verkehrsunglück kann Sie treffen, wenn Sie dafür nicht resonanzfähig sind.

Auf der anderen Seite tun wir aber etwas ganz Erstaunliches. Wir handeln erst, wenn ein Ereignis eingetreten ist. Wir gehen erst zum Arzt, wenn wir krank geworden sind. Dabei könnten wir unser eigener Arzt sein und unser Inneres heilen, bevor der Körper reagieren muß.

Doch meist warten wir, bis ein Ereignis eingetreten ist, und dann versuchen wir, zu reparieren, was uns reparabel erscheint. Genauso gehen wir auch mit den Lebensumständen um. Das ist Management. Ein Manager lernt, auf die veränderten Ereignisse, die veränderte Marktsituation, den Arbeitsmarkt, den Mitarbeiterstab, die Produktpalette optimal zu reagieren.

Doch besser wäre es, zu agieren. Sie sollten die Dinge voraussehen und sich darauf einstellen. Wenn Sie innerlich die Zukunft bestimmen, wenn Sie innerlich bewußt verursachen, was im Außen zu geschehen hat, ist das Agieren. Leider fehlt das den meisten, weil sie es nie gelernt haben.

Tun wir das ab jetzt in unserem Leben! Wir sollten nicht lernen, immer optimaler zu reagieren, denn dann können wir einen Computer mit Zukunftsanalysen füttern. Der Computer sagt mir dann die optimale Reaktion. Aber so werden wir zu Robotern, nicht zu optimalen Managern. Wenn wir wirklich optimale Manager sein wollen, müssen wir kreativ und schöpferisch werden, dann müssen wir gestalten. Genau das sollten wir in unserem Leben tun.

Warten Sie nicht länger, bis etwas passiert, um dann das Vernünftigste zu tun. Das Vernünftigste ist, die Zukunft in der Gegenwart zu gestalten. Sorgen Sie dafür, daß die Dinge so geschehen, wie Sie sie wünschen. Greifen Sie nicht länger erst dann ein, wenn es eigentlich schon zu spät ist. Auf diese Weise geraten Sie immer wieder in eine Krise.

Auch Sie sind geboren worden, um einen bestimmten Zweck, eine Aufgabe auf diesem Planeten zu erfüllen. Erforschen Sie sich und finden Sie diese Aufgabe, lassen Sie sich zu ihr führen. Vereinigen Sie sich mit Ihrem Ideal. Der Sinn des Lebens ist es, sich 100%ig mit der Inszenierung Ihrer inneren Bilder, Ihres Films zu identifizieren, damit Sie Ihren persönlichen Erfolg ernten. Üben Sie wieder und wieder, und verfeinern Sie Ihre Bilder so lange, bis Sie ganz mit ihnen zufrieden sind.

Erfüllen Sie alle Ihre Aufgaben auf optimalste Weise. Denn Sie wachsen unweigerlich, wenn Sie alles, was Sie tun, auf höchstem Niveau tun.

Krisen sind ein wichtiger Teil der menschlichen Entwicklung. Wir kommen schon durch unsere Geburt in eine ernste Krise. Genau genommen beginnt die Krise schon vorher. Das Kind erlebt im Mutterleib mit, wie die Mutter reagiert, wenn sie erfährt, daß sie schwanger ist. Hier geht es um sein Leben. Löst seine Anwesenheit einen freudigen Schrei des Entzückens oder ein Gefühl des Schreckens aus? Einen etwaigen Schrecken der Mutter erlebt das Kind als eigene Empfindung mit, vielleicht auch den Gedanken an Abtreibung. So wird das Ungeborene auf Gedeih und Verderb in die Gefühle der Mutter mit einbezogen.

Die Geburt selbst ist eine sehr ernste Krise, so daß Weise sagen: »Wenn wir erst einmal geboren sind, haben wir das Schlimmste im Leben schon hinter uns.«

Stellen wir uns einmal vor, was eine Geburt für das Kind bedeutet. Es weiß nicht, was ihm geschieht. Es lebt im Mutterleib, bewegt sich im Fruchtwasser hin und her und freut sich. Allmählich wird es zwar ein bißchen eng, doch es wird versorgt und braucht sich um nichts zu kümmern.

Doch auf einmal zieht sich seine Welt zusammen, drückt und engt ein. Es gibt keinen Ausweg. Von einer paradiesischen Situation wird das Kind in die Hölle gestürzt. Es wird so sehr unter Druck gesetzt, daß es glaubt zu sterben. Erst im letzten Augenblick, wenn es diese Hölle, diese Verzweiflung kaum mehr aushalten kann, tut sich ein Ausweg auf, und es wird geboren.

So sehr wir dem Paradies nachtrauern, so glücklich sind wir auch darüber, dieser Hölle entronnen zu sein. Wann immer wir später im Leben eine schöne Situation erleben, wird sie uns an diese paradiesische Situation im Mutterleib erinnern. Wann immer unser Leben ausweglos zu sein scheint, wird es uns tief im

Innersten an diesen Eindruck, im wahrsten Sinne des Wortes, erinnern, den wir bei der Geburt erlebt haben.

So kommen wir schon recht »verbeult« auf die Welt und haben bereits eine ganze Reihe von Eindrücken erhalten. Diese sollten wir wieder loslassen. Wenn wir das tun möchten, wenn wir sogar genau wissen, daß wir es eigentlich sollten, daß es uns entsprechen würde und wir es dann doch nicht tun, weil ... Dieses WEIL sollten wir einmal etwas näher betrachten.

Was würden Sie gerne tun? Wie würden Sie gerne leben? Was würden Sie gerne anders machen?

VERSTAND UND INTUITION

Gehören auch Sie zu den Menschen, die unendlich viele Zweifel haben und sich mit der Blockade durch den Verstand außerordentlich schwer tun? Sie schaffen sich vielleicht sogar positive Bilder, doch dann kommt der Verstand und sagt: »Das kann nicht sein!« Vor lauter Unsicherheit sind Sie bald wieder so sehr mit Zweifel beschäftigt, daß Sie Ihr Ziel darüber vergessen.

Sie fangen an zu zweifeln und wären gern diese Zweifel los. Der Fehler ist jedoch, daß Sie sich mit dem Verstand identifizieren. Gleichzeitig ist das natürlich auch die Lösung, denn Sie sind nicht Ihr Verstand. Solange Sie noch glauben, Ihr Verstand zu sein, haben Sie Zweifel. Sie als Selbst haben keine und haben noch nie welche gehabt. Bloß Ihr Verstand hat Zweifel. Doch das ist seine Sache. Sie können ihm zuhören und sagen: »Das interessiert mich nicht!«

Der Verstand hat Zweifel, das Ich ist unsicher und das Selbst weiß!

Es ist immer wieder eine Frage der Identifikation. Wenn Sie sich nur vom Verstand leiten lassen, werden Sie die Zweifel nie los. Sie sollten so klug sein, den Verstand nicht zum Herrn zu machen. Er ist ein wunderbarer Diener, aber ein miserabler Herr. Auf die wirklich wichtigen Lebensfragen kann er Ihnen ohnehin keine Antwort geben.

Wenn Sie Ihren Verstand fragen: »Soll ich den Michael heiraten?« kommt er mit Argumenten wie: »Ja, er hat gute Berufsaussichten. Er liebt dich und hat das richtige Alter. Zudem kriegst du so ein Kribbeln in der Magengrube, wenn du ihn siehst. Dagegen spricht allerdings seine Mutter. Na ja, mit ihr wird es noch ein paar

Schwierigkeiten geben.« Der Verstand kommt mit Argumenten dafür und dagegen. Wenn Sie aber wissen wollen, ob dieser Mann nun Ihr Mann ist, antwortet Ihnen der Verstand nicht, denn davon hat er keine Ahnung.

Wenn Sie eine neue Arbeitsstelle annehmen wollen und den Verstand fragen, kommt er mit folgenden Argumenten: »Da verdienst du 400 DM mehr. Die Arbeit macht dir mehr Freude. Aber du mußt dafür nach Frankfurt ziehen und hast deine Freunde nicht mehr in deiner näheren Umgebung.« Sie sagen zu Ihrem Verstand, er würde Ihnen bloß Antworten geben, welche zum Teil dafür und zum Teil dagegen sprechen. Sie aber möchten wissen, ob dies Ihr idealer Job sei. Der Verstand wird Ihnen auch da keine Antwort geben können, denn er weiß es nicht.

Sie erkennen bei all diesen Begebenheiten, daß Ihnen der Verstand bei wirklich wichtigen Dingen im Leben nicht helfen kann. Trotzdem machen Sie immer wieder den Fehler, ihn zu fragen, entscheiden sich sogar ab und zu rein verstandesmäßig und nennen dies vernünftig. Obwohl es das Unvernünftigste ist, was Sie tun können. Es wäre aber noch unvernünftiger, auf Ihre Gefühle zu hören. Diese sind nämlich noch blinder und haben nicht einmal Argumente. Sie drängen nur ganz stark irgendwohin. Dennoch heiraten die meisten aus einem Gefühl heraus.

Man sagt: Manche Menschen lernen sich kennen und heiraten dann. Die meisten Menschen aber heiraten und lernen sich dann allmählich im Laufe der Zeit kennen. Manche wissen erst nach zwanzig Jahren, wie der andere wirklich ist.

Hier geht es darum, zu erkennen, daß der Verstand immer Zweifel hat. Denn er hat bei jeder Gelegenheit Argumente dafür und dagegen. Keiner weiß genau, welches Argument richtig ist, was überwiegt, was besser oder schlechter wäre. Und auch der Verstand kann das niemals wissen.

Solange Sie sich mit dem Verstand identifizieren, haben Sie Zweifel, die eigentlich seine Zweifel sind. Wenn Sie sich mit sich selbst identifizieren, können Sie den Verstand fragen, was er dazu meint. Sofort kommt er mit seinen Argumenten dafür und dagegen, mit seinen Zweifeln. Nun fragen Sie vielleicht einmal Ihr Gemüt, Ihr Gefühl, was es meint. »Oh, ich habe ein gutes Gefühl dabei.« Was aber besagt ein gutes Gefühl? »Ich habe nur ein gutes Gefühl dabei.« Wenn Ihnen auch das zuwenig ist, gehen Sie in Ihr Bewußtsein und fragen Ihre Intuition: »Was sagt denn die Eine Kraft dazu, das Selbst?« Damit meine ich nicht mein Selbst, denn wir sprechen so gern von »meinem Selbst« oder »meinem hohen Selbst«. Mein hohes Selbst ist nur mein Ego im Sonntagskleid. Mein hohes Selbst gibt es nicht. Es gibt nur das Selbst.

Wenn Sie sich mit dem Selbst identifizieren und wissen wollen, ob Michael zu Ihnen gehört, dann kann der Verstand lange sagen: »Um Gottes Willen, der hat keine Ausbildung, der verdient nichts, seine Mutter ist eine Nervensäge, usw.« Das ist alles nicht wesentlich, wenn Sie das Selbst zu Rate ziehen. Denn dort lautet die richtige Frage: »Ist Michael mein Partner?« Und darauf gibt es nur eine Antwort, ohne wenn und aber. Die Antwort lautet ja oder nein. Eine andere Möglichkeit gibt es nicht.

Und genauso ist es mit der neuen Arbeitsstelle in Frankfurt. Sammeln Sie keine Argumente dafür oder dagegen. Sie dürfen durchaus auf Ihren Verstand hören, doch richten Sie sich nicht nach ihm. Denn wenn die Stelle Ihnen auch viele Nachteile bringt, trotz allem aber Ihre Stelle IST, dann ist es Ihre Stelle und Sie müssen sie antreten. Und eines Tages werden sich die Nachteile als Ihre Vorteile erweisen.

Das ist es, was wir leben sollten: Das Stimmig -sein! Wir sollten nicht mehr in Argumenten denken, sondern prüfen, ob etwas stimmt.

Wir haben vorhin also ein »weil« entdeckt. Weil wir uns mit unserem Verstand identifizieren, haben wir Zweifel. Das Leben verlangt ständig Entscheidungen. Immer wieder haben wir von neuem die Wahl. Selbst wenn wir uns nicht klar entscheiden, haben wir gewählt. Dann haben wir eben das Unklare gewählt, und somit wird dieser Lebensbereich auch unklar bleiben.

Schauen wir uns ein anderes »weil« an. Vielleicht möchten Sie gern etwas Bestimmtes tun, anders sein. Sie haben es bisher nicht geschafft, weil...

Sie haben eine Intuition, wissen genau, daß Sie in eine bestimmte Richtung zu gehen haben, doch dann kommt der Verstand und zweifelt. Sie lassen sich Ihre Intuition ausreden, weil der Verstand die besseren Argumente hat und lauter redet.

So geschieht es dann, daß die Intuition mit dem Verstand eine Diskussion beginnt. Der Verstand möchte über die Intuition siegen und schafft es auch meistens.

Die Intuition zieht sich zurück, der Verstand findet immer mehr Argumente und wird immer lauter. Er will nämlich recht behalten.

Wer in uns will recht behalten? Es ist immer das Ich. Das Ich will recht behalten, will Bestätigung haben. Also stehen wir vor der gleichen Entscheidung.

Wenn Sie aber auf Ihre Intuition hören, wird diese Stimme immer lauter, klarer und deutlicher. Wenn Sie sich Ihre Intuition vom Verstand mit Argumenten ausreden lassen, dann stehen Sie nachher mit leeren Händen da. Die Intuition zieht sich zurück.

Intuition können Sie nur haben als Sie selbst. Deshalb sollten Sie so häufig wie möglich im wahren Selbstbewußtsein sein. Nur das Selbst kann durch die Intuition erreicht werden. Das Ich kennt keine Intuition. Es hat seine Sinne, den Verstand, das Gemüt, das Unterbewußtsein. Aus diesen Quellen bezieht das Ich seine Informationen und »weiß« dann. Das Ich will natürlich recht behalten. Wieder stehen Sie vor der Wahl, wofür Sie sich entscheiden.

Wenn Sie auf Ihre Intuition hören, und das sollten wir alle tun, dann wäre es angebracht, sich einmal eine Liste zu machen. Wenn Sie eine Intuition haben, hören Sie darauf und beachten, wie es anschließend weitergeht. Ob es sich als Vorteil herausstellt. Ob es überhaupt gestimmt hat und eine wirkliche Intuition war. Verfolgen Sie einmal eine Zeitlang die Ergebnisse Ihrer Intuitionen, denn dadurch können Sie sie schulen. Tun Sie es zuerst dort, wo es für Sie keine großen Konsequenzen haben kann. Stellen Sie z.B. in einem Kaufhaus vor dem Lift intuitiv fest, welcher Fahrstuhl als erster kommt, falls es zwei oder drei Möglichkeiten gibt.

Sie können auch intuitiv erfühlen, welche Art Post Sie heute bekommen. Was wird heute im Briefkasten sein? Wenn Sie Post haben, können Sie vor dem Öffnen versuchen, den Inhalt zu erfühlen. Dadurch haben Sie die Möglichkeit, die Richtigkeit Ihrer Intuition zu kontrollieren.

Vielleicht sagt Ihre Intuition auch einmal, daß es besser wäre, diesen statt jenen Weg zu nehmen. Dabei denke ich an eine Geschichte, die ich in einem Buch gelesen habe. Sie handelte von einem Mann, der seiner Intuition gefolgt war. Dieser Mann, jetzt schon Großvater, erzählte die Geschichte seinem Enkel: Vor vielen Jahren, im ersten Weltkrieg, stand er am Bahnsteig und verabschiedete sich von seiner Frau. Sie waren jung verheiratet. Er spürte an der Hand ein Jucken und schaute hin; da saß eine Mücke. Er wollte sie gerade erschlagen, als seine innere Stimme sich meldete und sagte: »Laß sie.« Er war sehr verblüfft, aber gerade in einer großzügigen Stimmung, denn er hielt seine Frau im Arm und alles war gut. So entschied er sich ganz bewußt, diese Mücke leben zu lassen. Das Ergebnis war, daß sich der Stich entzündete, als er an die Front kam. Daraus entwickelte sich eine Blutvergiftung, so daß er ins Lazarett mußte.

Während der Zeit, die er im Lazarett verbrachte, wurde seine ganze Einheit aufgerieben - wie es so schön heißt im Bericht. Er war der einzige Überlebende. Alle Kameraden seiner Einheit starben an der Front. Er selbst ist in Ruhe im hohen Alter im Bett gestorben.

Hätte er nicht auf seine Intuition gehört, hätte es auch sein Leben gekostet. Es schien etwas Belangloses zu sein. Doch manchmal werden die belanglosesten Dinge wesentlich. Deswegen müssen wir lernen, mit Intuition umzugehen. Wir müssen lernen, unsere Intuition ernstzunehmen, auf sie zu hören und dort anfangen zu üben, wo das Risiko für uns gering ist.

Was auch immer Ihre Intuition sagt, fangen Sie an, intuitiv zu leben und lassen Sie sich davon begeistern.

Sie können davon ausgehen, daß Intuition das ist, was sich meldet, nachdem Sie zuerst etwas anderes vernommen haben. Denn üblicherweise meldet sich zuerst der Verstand und kommt mit Argumenten und Zweifeln, laut und schnell. Sie können Ihrem Verstand zuhören. Aber wenn Sie dann Ihr Bewußtsein auf die leise Stimme dahinter richten und fragen: »Was meinst Du?« und wenn Sie sich dabei selbst ansprechen, sich selbst ins Bewußtsein nehmen und fragen: »Was meine ich als Selbst«, dann wissen Sie, was der Unterschied ist.

Die erste Stimme kommt mit Vorschlägen, Argumenten, starken Gefühlen, ist laut und die andere ist leise. Sie können gelassen zuerst auf die laute Stimme hören. Es ist besser, darauf zu hören, als sie zu verdrängen. Je öfter Sie danach auf die zweite leise Stimme dahinter hören, desto klarer und deutlicher wird sie. Allmählich verschwindet die laute, vordergründige Stimme, und nach ein paar Monaten ist die Stimme dahinter die einzige, die Sie noch hören.

Es ist einfach. Erinnern Sie sich, wer Sie sind, und beginnen Sie, auf diesem Weg vorwärtszugehen. Seien Sie Sie selbst. Als Sie selbst wissen Sie und brauchen Ihre Gewißheit nicht einmal Intuition zu nennen.

Füllen Sie einmal das Arbeitsblatt »Sätze vollenden« aus. Fangen Sie jeden Satz zehnmal an, und schreiben Sie ihn zügig zu Ende, ohne dabei nachzudenken. So kommen Sie sich auf die Schliche, warum Sie nicht das tun, was Sie doch so gern tun möchten. Vielleicht hat es irgendwelche Vorteile. Oft aber ist der Grund Angst, wenn wir erkennen: »Wenn ich das tue, dann muß ich ja auch..., dann kann ich ja nicht mehr..., dann müßte ich sogar...« Davor schrecken wir zurück und lassen es lieber so, wie es ist.

MANGEL UND ERFÜLLUNG

Nehmen wir ein Beispiel. Sie möchten aufhören zu rauchen, haben es auch schon ein paarmal probiert. Manche sagen: »Aufhören zu rauchen, ist die leichteste Sache der Welt. Ich habe es schon über 100mal gemacht. Aber wenn ich aufhöre zu rauchen, dann bin ich so unleidlich, daß die anderen mir sagen, ich solle lieber wieder rauchen.«

Wenn Sie diese Problematik als Ihre eigene erkennen, können Sie jetzt zusätzlich bemerken, daß in solchen Situationen die Energie zum Ausdruck kommt, die hinter dem Rauchen steht-die Energie, die Sie mit dem Rauchen kompensieren. Sich wieder dem Rauchen zuzuwenden, löst das Problem nicht, denn Sie haben die wahre Ursache Ihrer Abhängigkeit nicht erkannt. Sie werden erst frei sein, wenn Sie diese erlöst haben.

Was geschieht, wenn Sie nicht mehr rauchen? Vielleicht essen Sie zuviel und nehmen zu. Um die Folgen nicht tragen zu müssen, rauchen Sie erneut. Damit blockieren Sie einen Teil der Energie, was kaum sinnvoll ist.

Rauchen lenkt oft ab. Sie können sich mit etwas beschäftigen, sich vom eigentlichen Problem, das Sie nervös macht, ablenken.

Wir müssen uns fragen, warum wir überhaupt rauchen. Es kann keiner behaupten, daß ihm die erste Zigarette mit zwölf oder auch erst mit siebzehn Jahren so gut geschmeckt habe, daß er es nicht mehr lassen konnte. Den meisten ist erst einmal schlecht geworden. Aber man wollte erwachsen sein und sich selbst beweisen, wie groß man ist. Man hat zu den anderen, denen genauso schlecht war, gesagt: »Schmeckt unwahrscheinlich gut.«

Man machte sich etwas vor. Mit der Zeit gewöhnte sich der Körper daran, und als wir es immer noch nicht ließen, fing er an, es sogar zu brauchen.

Wir haben also einen Grund, ein »weil«, warum wir es tun. Zuerst wollten wir erwachsen sein, dann gewöhnten wir uns daran und jetzt braucht es der Körper. Wenn wir aber das »weil« hinter dem »weil« anschauen, die Ursache hinter der Ursache, dann erkennen wir, daß uns irgend etwas fehlt, etwas, das wir mit dem Rauchen zwar keineswegs erhalten, aber wenigstens kompensieren. Denn wir werden durch das Rauchen nicht reifer, wir fühlen uns nur so. Wir gaben uns der Illusion des Erwachsenseins hin, weil wir es nicht abwarten konnten, es zu werden. Wenn wir dann erwachsen genug sind, wollen wir nur noch wieder jung sein. Wir wollen meist das, was wir gerade nicht sind und nicht haben.

Normalerweise kompensieren wir mit dem Rauchen eine fehlende Qualität in unserem Leben. Es wäre sinnvoll, zu klären, um welche fehlende Qualität es sich dabei handelt. Vielleicht meint ein Raucher, in seinem Leben fehle ein Genuß. Da er den nicht erreichen kann, raucht er.

Wir kennen das auch auf anderen Gebieten. Wenn man Liebeskummer hat, verzieht man sich mit Sahnetörtchen ins Bett und hat im Moment das Gefühl, das Leben sei süß. Doch diese Art von Süße löst nicht das Problem. Liebeskummer haben wir danach immer noch. Also brauchen wir neue Sahnetörtchen oder neue Zigaretten.

Wir kompensieren, weil es uns an etwas mangelt, anstatt uns diesen Mangel bewußt zu machen und ihn zu beseitigen.

Der Mangel könnte auch daher kommen, daß wir keine Babies mehr sind. Wir fühlen uns vielleicht nicht mehr so warm geborgen, nicht mehr so sicher und sorglos wie als Baby, als wir noch etwas zum Nuckeln hatten.

Geborgenheit und Sicherheit. Sicherheit vor was? Was ist unsicher in Ihrem Leben? Sie leben in der Sicherheit. Viele haben als Baby nicht annähernd die Sicherheit gehabt wie jetzt. Viele waren noch nie so geborgen wie jetzt in diesem Bewußtsein, eingebettet in die Schöpfung zu sein. Teil Gottes zu sein. Zu wissen, daß Sie immer waren, immer sein werden. Zu wissen, daß Sie vollkommen und schon am Ziel sind.

Viele Menschen wollen vorwärtskommen im Leben, ohne sich bewußtzumachen, wo vorwärts eigentlich ist. Wann im Leben können Sie sagen: »Jetzt bin ich vorwärtsgekommen«? Wenn Sie Abteilungsleiter geworden sind oder Direktor? Wenn Sie glücklich mit Ihrem Partner sind? Wenn Sie eine große Wohnung oder ein eigenes Haus besitzen oder das neueste Auto? Was muß geschehen, damit Sie sagen können, Sie seien vorwärtsgekommen? Wo wollen Sie eigentlich hin, wenn Sie vorwärts wollen?

Auch dieses »Vorwärtskommen« ist die Kompensation eines Mangels, und es verhindert das Sein, das Glücklich-Sein. Machen Sie sich bewußt, worin Ihr Mangel besteht. Wo Sie sich nicht sicher, nicht geborgen, nicht geliebt, nicht frei fühlen oder anderes.

Das alles sind Mängel in uns, die wir mit einer Ersatzbefriedigung kompensieren.

Doch wenn Sie tief in sich hineinschauen, die wahre Ursache ergründen, werden Sie fähig, sich authentische Erfüllung zu erschaffen. Sei es in einer interessanten, ausfüllenden Arbeit, einer erfüllenden Partnerschaft oder grundsätzlich in einem glücklichen, harmonischen Leben. Echte Erfüllung ist immer besser als eine Ersatzbefriedigung, vor allem darum, weil der Ersatz oft einen viel zu hohen Preis fordert.

BE-RUFUNG

Fragen Sie sich zudem, ob Ihr Beruf Ihre wahre Be-rufung ist. Ist Ihre Arbeit das, was Sie tun würden, wenn Sie ab sofort nicht mehr dafür bezahlt würden? Würden Sie Ihre Tätigkeit dann weiterführen?

Wenn Sie das nicht tun würden, dann arbeiten Sie für Geld. Dann sind Sie Tagelöhner und verkaufen Ihre Zeit für Geld. Sie tun etwas, das Ihnen keine Freude macht. Unter dem falschen Motto: Man muß ja irgendwie Geld verdienen.

Es gibt aber doch einige Menschen auf diesem Planeten, die machen das, was ihnen Spaß macht. Sie würden es auch tun, wenn sie kein Geld dafür bekämen. Doch sie bekommen Geld dafür, sogar noch mehr als andere. Denn wenn man etwas gern tut, macht man es besser. Und wenn man etwas besser macht, wird man sehr gut dafür bezahlt.

Denken Sie sich eine Tätigkeit aus, die Sie so gern ausüben würden, daß Sie aufblicken und sagen würden: »Jetzt ist leider schon wieder Abend.« Das, was Sie bisher als Überstunden bezeichnet haben, gibt es nicht mehr. Auch können Sie, wenn Sie voller Begeisterung einmal bis spätabends gearbeitet haben, sagen: »Für heute ist jetzt Schluß, denn einmal muß auch ich ins Bett. Ich schlafe nun einen tiefen, erholsamen Schlaf und freue mich schon jetzt auf morgen früh, wenn ich aufstehen kann und mit meiner Arbeit weitermachen darf.«

So ist Berufung eigentlich gedacht. So sollte unsere Tätigkeit sein. Wenn Sie etwas tun, das Ihnen keinen Spaß macht, machen Sie etwas verkehrt.

Die Hindernisse sind bei den meisten einmal mehr auf die falschen inneren Bilder zurückzuführen. Das Problem ist, daß wir denken, wir müßten »Brötchen verdienen«, müßten ins Geschäft gehen. Doch genau das ist das Hindernis, der falsche Weg. Denn mit dieser Einstellung MÜSSEN wir arbeiten.

Ich habe zwanzig Jahre gebraucht, um mir die Voraussetzungen zu schaffen, es überhaupt für möglich zu halten, daß man Geld verdienen kann mit etwas, das Freude macht. Ich bin in der Zeit nach dem Krieg groß geworden, das tausendjährige Reich habe ich auch noch erlebt, in dem Pflicht oberstes Gebot war. Gemeinnutz stand vor Eigennutz. Man hat uns auch eingeredet, daß ein Mann nicht weint.

Ich bin also mit einem ganz falschen Gedankengut groß geworden und mußte sehr früh Geld verdienen. Meine Schwester war gelähmt. Meine Mutter mußte sie pflegen. Ich war der einzige, der verdiente und war mit neunzehn Jahren viel zu jung dazu, eine ganze Familie zu ernähren. Es schien bei mir immer alles zu früh zu sein.

So habe ich also lange Jahre Pflichten erfüllen müssen, bis ich dann ab und zu einmal bei meiner Arbeit eine Stunde erlebte, in der ich diese als schön empfand. Da bemerkte ich, daß Arbeit auch Spaß machen kann, und fing an, nach einer solchen Möglichkeit Ausschau zu halten. Ich war sehr bescheiden. Zuerst arbeitete ich im Außendienst, war Vertreter, und verdiente mein Geld sehr hart. Ich hatte nicht einmal Geld für ein Mofa und ging immer zu Fuß bei Regen, Schnee und Sonnenschein. Die potentiellen Kunden waren meistens nicht zu Hause. Und so mußte ich zu Fuß zum nächsten.

Mein Traum war natürlich ein Auto. Mein Chef hatte ein eigenes Auto. Er konnte sich hineinsetzen, wann er wollte, hinfahren, wohin er wollte. Er mochte mich leiden und hat es mir ab und zu geliehen. Ich weiß bis heute nicht, wie er auf diese Idee kam, aber er hat es getan.

Beim Autofahren dachte ich: »Das ist doch die Erfüllung. Man braucht nur ein Auto zu haben und schon ist das Leben wie im Paradies.«

Irgendwann konnte ich mir dieses Auto leisten und fühlte mich wirklich eine Zeitlang wie im Paradies. Aber wie es beim Menschen so ist, wenn man etwas hat, gewöhnt man sich sehr schnell daran, und es wird zur Selbstverständlichkeit. Plötzlich dachte ich, daß es eigentlich auch mit Auto nicht so wunderbar sei, von Haus zu Haus zu fahren, an den Türen zu klingeln und den Leuten irgend etwas anzubieten.

Schön wäre es, ein eigenes Geschäft zu haben, eines wo ich nicht hingehen muß, sondern hingehen darf, wo ich morgens aufschließe, mich hineinsetze, und dann kommen Leute zu mir und wollen bei mir etwas kaufen. Ich brauche nur zu sagen: »Jawohl, das habe ich da in grün oder in Größe sowieso.« Es müßte einfach herrlich sein, ein eigenes Geschäft zu haben.

Wieder dauerte es ein paar Jahre, bis ich das eigene Geschäft hatte. Ich fand es ganz wunderbar und dachte, das macht jetzt wirklich Freude. Aber mit zwei Geschäften würde es noch mehr Freude machen und sogar noch das Doppelte einbringen.

So eröffnete ich ein zweites Geschäft. Bald danach folgte das dritte, das siebte und das elfte. Eine Zeitlang machte ich so weiter. Ein gutes Jahr lang eröffnete ich an jedem Wochenende ein Geschäft. Immer in einer anderen Stadt, eins nach dem anderen, eine ganze Kette. Es war wirklich ganz toll. Da ich nicht immer sofort das richtige Personal fand, kam ich auf die ideale Lösung. Ich verkaufte die Geschäfte. Es war eine Boutiquen-Kette. Dann kam ich auf eine noch bessere Idee und verkaufte die Geschäfte zuerst und produzierte dann. Ich zeigte den Interessenten die Geschäfte, die ich hatte, und fragte: »Möchten Sie auch so eins? Gut, suchen Sie sich die Räume, ich richte sie Ihnen ein.« Es war eine ganz wundervolle Zeit.

Nach und nach kamen immer mehr Leute und sagten: »Bei Ihnen läuft das unglaublich. Warum bei mir nicht? Was mache ich falsch?« Auch ich begann mich nach dem Grund zu fragen. Es interessierte mich, und ich wollte herausfinden, weshalb ein anderer, der doch wirklich intelligent aussah, es einfach nicht schaffte. Ich lernte sein Geschäft kennen, kniete mich hinein, sah, was man besser machen mußte und machte es besser.

Weil aber nicht jeder, der beraten werden wollte, mit meiner Sicht einverstanden war, kaufte ich mich mit 51% ein, wurde Geschäftsführer und verkaufte die Anteile nach zwei Jahren wieder an den Besitzer zurück. Dieser ging dabei kein Risiko ein, und ich konnte als Geschäftsführer schalten und walten, wie ich wollte. Ich konnte das Geschäft hochbringen und verdiente dabei sehr viel mehr als vorher im Einzelhandel. Und dann sagte ich mir: »Jetzt als Unternehmensberater ist es viel schöner. Jetzt habe ich meinen erfüllenden Beruf. Das mache ich nun mein Leben lang.«

Natürlich ergab sich immer wieder die Situation, daß jemand Schwierigkeiten hatte, Partnerprobleme, gesundheitliche oder andere. Die Unternehmer hatten die ersten zwanzig Jahre hart angepackt, und nun machten sich langsam Rheuma und Gallensteine bemerkbar. Es ging nicht mehr so, wie sie es sich vorstellten. Aber von diesen Dingen verstand ich nichts. Denn ich war Unternehmer und Unternehmensberater.

Um etwas davon zu verstehen, wurde ich Heilpraktiker. Voller Elan ging ich an die Sache heran und fand, daß dies das ganz Ideale, die absolute Erfüllung sei. Endlich hatte ich das gefunden, was ich für den Rest meines Lebens und die nächsten zehn Inkarnationen machen wollte.

Im siebten Monat war meine Praxis schon überfüllt. Wir hatten am Tag zwischen 80 und 120 Patienten. Es war kaum noch zu schaffen. Es wurde eine Gesundheitsfabrik. Also mußte ich wieder eine Lösung finden.

Ich habe Gruppen zusammengefaßt. An einem Tag behandelte ich Patienten, die abnehmen wollten, am nächsten Raucher, die Nichtraucher werden wollten, am übernächsten Kinder, die Schulprobleme hatten, dann Menschen mit Partnerschaftsproblemen.

Daraus entstanden Seminare. Ich hatte keine Zeit mehr für Einzelberatungen und machte nur noch Gruppenarbeit. Das mache ich heute noch und denke auch wieder, daß dies der ganz ideale Beruf für mich ist. Ich kann meine vielfältigen Erfahrungen mit Menschen teilen. Ich tue das, was in meiner Vorstellung die schönste Beschäftigung überhaupt ist. Ich komme am Wochenende mit ein paar Freunden zusammen und spreche mit ihnen über ein interessantes Thema. Dafür erhalte ich sogar noch Geld. Ist das nicht ganz ideal? Ich würde es nie ändern. Doch vielleicht wird es das Leben wieder tun.

Was wollen SIE in Ihrem Leben tun?

Der eine möchte immer weitergehen, sich immer weiter entwickeln, nie stehenbleiben. Der andere will endlich seine Ruhe, seinen Frieden haben. Er will da sein, wo er ist. Noch ein anderer möchte vielleicht in der Welt herumreisen. Doch es könnte sein, daß er es bald satt hat. Denn überall stehen Häuser, überall gibt es Menschen und überall wachsen Bäume. Ewig müssen Reisende aus dem Koffer leben. Die Sachen sind zerknittert. Sie essen in Hotels. Sie müssen pünktlich zum Flughafen, um schon wieder woanders hinzufliegen.

Vielleicht macht man das einmal drei Jahre lang. Doch danach ist man es leid und kann keinen Koffer mehr sehen, möchte am liebsten nie wieder ein Hotel betreten. Vermutlich wünscht man sich dann etwas, von dem man sagen kann: »Hier bin ich zu Hause, hier gehe ich an meinen Kleiderschrank, da hängen gebügelte Sachen zum Anziehen. Wenn ich hinausgehe, ist mein vertrauter Garten da, meine vertraute Umgebung und Menschen, die ich kenne.«

Von einem Reiseleiter kann ich Ihnen folgende Geschichte erzählen: Wir hatten vor einigen Jahren ein Seminar mit dem Titel »Problemlösung«. Ein junger, intelligenter Mann wollte eine provokative Frage stellen und sagte: »So wie Sie das sagen, ist alles immer ganz einfach. Da gibt es keine Probleme. Ich sage Ihnen, daß ich gerne einen roten Sportwagen hätte. Doch ich stehe gerade vor dem Abitur. An Erspartem habe ich insgesamt 560 DM. Für einen Nebenberuf habe ich keine Zeit, denn ein halbes Jahr vor dem Abitur gibt es nichts anderes mehr als das Abitur. Also, wie bekomme ich meinen Sportwagen? Nun lösen Sie einmal.«

Wir haben uns miteinander unterhalten. Er sagte, daß er gut Englisch und fließend Italienisch spreche. Er bastelte gern an Fahrrädern herum, und er wollte natürlich reisen. Reisen wollte er am allerliebsten.

Wir haben alles mögliche durchdiskutiert, wie z.B. die Möglichkeit, als Übersetzer zu arbeiten. Zum Reisen kommt man jedoch nicht. Falls man irgendwo hinkommt, sieht man nur Konferenzräume. Das war es nicht.

Ich habe ihm gesagt, er solle Reiseleiter werden. Um das zu verwirklichen, hat er jedoch ein paar Stationen gebraucht. Er konnte sich nicht von einem Reisebüro anstellen lassen, denn er war zu dickköpfig und zu eigensinnig. Er hatte eigene Vorstellungen und mußte selbständig sein. Ich habe ihm gesagt, als Angestellter würde er überhaupt nichts taugen. Er müsse selbständig sein und brauche deshalb etwas Besonderes. Damals waren gerade Flüge zu den Geistheilern auf die Philippinen aufgekommen.

So hat er mit seinen 560 DM ein Inserat für 175 DM aufgegeben: »Reisen Sie zu den Geistheilern auf die Philippinen!« Auf dieses Inserat hat sich ein Mann gemeldet. Er hat 1000 DM angezahlt. Mit diesen 1000 DM hat unser Freund weitere vier Inserate aufgegeben. Er hat insgesamt acht Leute gefunden und ist mit ihnen auf die Philippinen geflogen - als Abiturient - doch abgesehen davon, daß er ungefähr wußte, wo die Philippinen lagen, hatte er keine Ahnung. Er wußte nicht, wo sich die Geistheiler befanden und wie er sie kontaktieren sollte, er hatte keine Ahnung, wie man das richtige Hotel findet und überhaupt keine Lebenserfahrung.

Nach dieser Reise sagte er: »Die Gruppe war mein Reiseleiter. Ich habe jeden Fehler gemacht, den man machen kann. Aber wir sind tatsächlich zu einem Geistheiler gekommen, nachher sogar zu einem zweiten.«

Weil es so gut geklappt hatte, man kann auch sagen, weil alles schief gelaufen war, wußte er jetzt, wie er es besser machen konnte. In denselben Ferien unternahm er noch einmal eine Reise. Er reiste mit dreißig Leuten hin, und es klappte reibungslos. Alles war im Fluß, und zuletzt hatte er ein Vermögen von 28.000 DM. Geträumt hatte er nur von 10.000 DM, da er einen gebrauchten Sportwagen kaufen wollte.

Doch man kann nicht zuviel Geld haben. Der junge Mann hatte sofort neue Pläne und gründete mit dem Geld ein Reisebüro.

Er machte sein Abitur und wollte Medizin studieren. Mit seinem Durchschnitt von 3,6 mußte er mit einer Wartezeit von sechs bis sieben Jahren rechnen. Deshalb arbeitete er mit seinem Reisebüro weiter. Er eröffnete ein zweites Reisebüro. Seine Spezialität waren Reisen auf die Philippinen.

Nach zwei Jahren bekam er per Losverfahren einen Studienplatz. Da war er mit seiner Reiselust schon zweifacher Millionär geworden. Die Unternehmen liefen weiter. Er studiert heute noch Medizin als zweifacher Millionär, da er die Wartezeit gut genutzt hatte. Er hatte genau das getan, was ihm Freude machte und war damit erfolgreich.

Es geht nur um Sie! Machen Sie sich frei von Marktsituation und Nachfrage. Machen Sie sich frei davon, ob Sie mit Ihrem Beruf viel oder wenig Geld verdienen, ob Sie dabei viel oder wenig Freizeit haben. Es geht nur um einen einzigen Punkt: Ihre Erfüllung!

Stellen Sie sich vor, jede Tätigkeit hätte nur ein einziges Ziel und einen einzigen Maßstab: Wieviel Erfüllung bringt Sie mir? Wenn Sie eine Tätigkeit ausüben, die Ihnen Erfüllung und Freude bringt, werden Sie zum Dienenden an der Menschheit. Eine Tätigkeit auf einem so hohen Niveau wird immer gut bezahlt.

Wenn Sie Ihren Traum verwirklichen wollen, müssen Sie zuerst einen haben. Die meisten Menschen haben keinen Traum. Sie möchten gern etwas Besseres, etwas Anderes oder gar nichts. Sie wissen, was sie nicht oder nicht mehr wollen, aber sie wissen nicht, was sie wollen. Wie kann man etwas erreichen, wenn man nicht weiß, was man überhaupt will?

Der erste und wichtigste Schritt ist, zu entscheiden, was Sie eigentlich wollen. Das ist gar nicht so einfach, wie es auf den ersten Blick vielleicht aussieht.

Auch im Bereich des Berufs gibt es viele »weils«. Wir stellen uns selbst viele Hindernisse in den Weg, weil wir uns minderwertig fühlen, weil wir dieses und jenes Diplom nicht haben, von dem wir meinen, wir bräuchten es, weil wir glauben, es gäbe keinen Weg, da die finanziellen Mittel fehlen, weil wir glauben, es sei für uns keine passende Stelle frei, usw. Es gibt so viele »weils«, die wir uns und unserer Erfüllung entgegenstellen können.

Unsere Probleme sind nicht nur Produkte unseres Bewußtseins, sondern auch die Grenzen, die wir uns setzen. Es gibt keine Hindernisse. Wir denken sie uns aus. Wir können alles erreichen, was wir denken und glauben können. Das ist die einzige Grenze, und diese ist selbst geschaffen.

Doch sie ist variabel. Wir können sie jederzeit verändern. Sobald wir mehr denken und glauben können, wird es möglich, unsere Träume oder Ziele zu verwirklichen.

Deswegen ist der erste so wichtige Schritt, überhaupt einen Traum zu haben. Diesen müssen Sie Gestalt annehmen lassen und genau wissen, daß der gewünschte Zustand so aussieht, daß Sie es so wirklich haben wollen.

Der eine sieht seine Erfüllung in der Macht, indem er in die Politik geht, der andere besitzt großen sportlichen Ehrgeiz und wendet sich einer Sportkarriere zu, wieder ein anderer sieht seine Erfüllung im Glück einer Partnerschaft und noch ein anderer will seinen Umsatz verdreifachen.

Nicht alle haben den gleichen Geschmack, und das ist auch richtig so. Aber jeder hat die Chance, seinen Traum zu verwirklichen.

Wenn wir dahinterschauen, sehen wir, daß es kein wirkliches Hindernis gibt. Das Hindernis liegt immer in uns selbst. Ein sehr verbreitetes Hindernis ist das finanzielle Mangelbewußtsein.

Mit Ihrem Mangelprogramm helfen Sie jedoch keinem Menschen. Am wenigsten sich selbst. Es ist eine Tatsache, daß es viel Armut auf diesem Planeten gibt, doch Sie selbst brauchen diese Tatsache nicht immer wieder neu zu erschaffen oder fortzusetzen. Sie werden auf diese Weise sicher nichts zur Heilung der Menschheit auf diesem Gebiet beitragen.

Wie wir schon zuvor festgestellt haben, ist das Universum reich und unerschöpflich an Fülle, und somit ist für alle mehr als genug vorhanden. Wenn wir aus der Freude heraus leben, einer erfüllenden Tätigkeit nachgehen, geben wir unter Umständen viel weniger Geld aus als vorher, obwohl wir mehr davon besitzen. Denn auch das Geldausgeben kann manchmal ein Ersatz, eine Kompensation für einen Mangel im Innern sein.

Freuden, die man mit Geld bezahlen kann, sind zweitrangige Freuden. Doch es gibt wahre Freuden, die kosten überhaupt nichts. Die größten Freuden, die uns im Leben zustehen, wenn wir uns für wertvoll genug halten, kosten nichts.

Alles, was wirklich wichtig ist im Leben, bekommen wir geschenkt. Glück, das von irgendwelchen äußeren Umständen oder Dingen abhängig ist, ist kein wahres Glück; es ist ein Ersatz, weil das wahre Glück noch fehlt.

Wenn Sie in einer Tätigkeit Erfüllung gefunden haben, nutzen Sie die Zeit, das zu tun, was Ihnen so viel Freude bereitet. Sie verbringen den ganzen Tag in Freude.

Was Sie tun müssen, ist, sich trauen, Ihrer Vision zu folgen. Halten Sie Ihre Vision für möglich, werden Sie eins mit ihr!

Wenn Sie in Ihrem Beruf mit einem Problem nicht zurechtkommen, wenn Ihnen keine Lösungsmöglichkeit in den Sinn kommt, sollten Sie sich fragen, ob es irgendwo einen Menschen oder eine Instanz gibt, die diesem Problem gewachsen wäre. Alles ist bereits da. Es gibt kein Problem ohne die geeignete Lösung dazu. Irgendwo in unserem Universum schlummert das Geheimnis und wartet darauf, daß Sie es erwecken und für sich in Anspruch nehmen.

Halten Sie eine innere Konferenz, eine Meditation mit dieser wissenden Instanz ab. Besprechen Sie dort Ihr Problem, bitten Sie um Hilfe. Sie können sich auf diese Weise nicht nur das morphogenetische Feld des Allbewußtseins, sondern auch die Spezialkenntnisse eines anderen Menschen zunutze machen. Der kleine Haken dabei ist der, ob Sie dies glauben oder nicht.

Unsere rationale naturwissenschaftliche Schulung sagt: »Das Ganze ist doch ein Hokuspokus. Das glaube ich nicht.« Damit scheidet diese Lösung so lange aus, bis Sie sie glauben können. Wenn Sie sie glauben, beweist sie sich sofort. Denn alles, was Sie glauben, geschieht. Das ist das Gesetz. Wie Jesus sagte: »Einem jeden geschieht nach seinem Glauben.«

Wir leben in einem Energiemeer. Wenn wir andere Wege beschreiten und das naturwissenschaftliche Denken streichen - weil wir sonst wieder in den ausgetretenen Wegen bleiben - und es wagen, uns vorzustellen, Teil eines unerschöpflichen Energiepotentials zu sein, können neue Dinge hier auf Erden geschehen. Dieses Energiepotential ist in der Lage, alles zu bewegen. Es steht unbegrenzt zur Verfügung, kann nicht vermindert und auch nicht vernichtet werden. Energie kann nur umgewandelt werden. Gebrauchen wir unsere Lebenszeit, um die uns umgebende Energie für eine Welt des Friedens und der Harmonie zu nutzen.

Wir können neue Dinge erfinden, wenn wir klare Ziele und gute, friedvolle Motivationen haben. Aber wir haben auch erkannt, daß wir uns vom herkömmlichen Weg, vom Fachwissen, von der naturwissenschaftlichen Bildung wegbewegen müssen. Wir müssen ganz neu anfangen, ganz neue Wege beschreiten.

Vielleicht geraten wir zuerst in die nächste Sackgasse, indem wir anfangen, ohne Fachwissen darüber nachzudenken. Doch auch das müssen wir vergessen, denn der Verstand bewegt sich innerhalb der Grenzen des Verstandes. Auch da ist nichts Außergewöhnliches, Neues zu finden.

Was könnten wir mit unserer Gewohnheit, verstandesmäßig zu denken, machen? Der Punkt ist, daß sich die meisten Menschen innerhalb der Grenzen ihrer Erfahrungen, ihres Verstandes, ihres Wissens bewegen. Das ist der vertraute Boden, da kennen wir uns aus. Wenn wir aber innerhalb dieser Grenzen bleiben, können wir nur das erreichen, was sich innerhalb dieser Grenzen befindet. Wollen wir etwas erreichen, das außerhalb davon liegt, müssen wir alles loslassen.

Ein gutes Hilfsmittel, um etwas Neues, Harmoniefördierndes zu erfinden, ist sicher das Mentaltraining. Es ist wichtig, geistig immer wieder zu sehen, wie das Ziel realisiert wird.

Das Wort »erfinden« zeigt uns auch, worum es wirklich geht. Ein Erfinder ist nicht ein Erschaffer, sondern einer, der etwas findet. Finden können wir nur etwas, das bereits vorhanden ist. Somit können wir davon ausgehen, daß es schon da ist. Wir müssen es nur er-finden. Aber dies können wir nicht, wenn wir uns innerhalb der bekannten Grenzen des Denkens und des Fachwissens bewegen. Wir müssen das Tor des Nichtwissens überschreiten.

Ich habe in meiner Praxis immer wieder Gelegenheit, genau das zu tun. Da geschieht etwas Wunderbares. Ein Patient kommt und befindet sich in einer bestimmten Situation, hat ein Problem. Mein Verstand meldet sich und sagt: »Dazu hast du das Fachwissen nicht. Dem kannst du nicht helfen.«

Doch dann sagt mein Selbst: »Stimmt, du hast recht. Du hast das Wissen nicht, da du noch nie mit solch einem Fall konfrontiert warst. Wir haben ihn somit heute zum ersten Mal. Nun tauchen wir zusammen in eine ganz neue Situation ein und erkennen, was jetzt zu tun ist. Der andere ist zu dir gekommen, also bist du gemeint, also gibt es auch eine Lösung.«

Dann überschreiten wir die Grenze unseres Wissens, gehen miteinander in den Bereich der Unwissenheit und der Wahrnehmung. Dort haben wir eine Chance, denn wir befinden uns außerhalb der Grenze. Dort ist alles möglich.

Wenn Sie sich so frei gemacht haben vom bisherigen Ballast und eingesehen haben, daß Wissen gut ist, Fachwissen sein muß, Sie es aber in bestimmten Momenten nicht gebrauchen können, vermögen Sie plötzlich wahrzunehmen, was zu tun ist. Ziehen Sie Ihr früheres Wissen wie eine Jacke aus und begeben Sie sich durch das Tor der Unwissenheit in einen unbewußten Raum. Dort können Sie Mentaltraining praktizieren und wahrnehmen lernen, was zu tun ist, um dieses Ziel zu verwirklichen, wenn es sein darf. Es ist empfehlenswert, immer hinzuzufügen »wenn es sein darf«. Sie können nicht wissen, was Sie der Welt antun, wenn Sie etwas zum falschen Zeitpunkt erfinden.

Die Wissenschaftler könnten sich weltweit einig sein, daß eine bestimmte Erfindung dringend notwenig sei, doch Wissenschaft ist nicht alles. Es gibt andere, übergeordnete Gesetze.

Ein sarkastischer Mensch würde sagen: »Die Wissenschaft ist die Sammlung der Irrtümer der Menschheit.« Wir können das unterschiedlich betrachten. Auch die menschliche Situation sollte berücksichtigt werden. Der Mensch gerät durch die Technik immer mehr in Vergessenheit, anstatt im Mittelpunkt zu stehen. Wir müßten uns fragen, ob es wirklich das ist, was die Menschheit braucht. Was braucht der einzelne Mensch, was braucht das Selbst?

Die große Freiheit, nach der so viele in der falschen Richtung suchen, ist vielmehr ein Streben danach, die eigenen, selbst gezogenen Grenzen des Verstandes, des Wissens endlich zu überschreiten. Doch eine tiefe Angst, die Angst vor dem Selbst, vor der eigenen Größe, vor der eigenen Macht hindert uns daran, uns dem Wahren hinzugeben und glücklich zu sein.

Dabei ist das Gefühl der echten Freiheit, der Grenzenlosigkeit unbeschreiblich.

Für mich ist es immer so, wie wenn man mit dem Flugzeug durch die Wolkendecke kommt. Auf einmal ist die Sonne da, ein Regenbogen, wolkenloser Himmel. Man kann bis zum Horizont sehen. Die Welt ist plötzlich grenzenlos.

Diese Art Durchbruch, den wir erleben können, müssen wir zuerst im Bewußtsein haben. Die Wolken des Wissens, des Verstandes,

des Denkens, der Ausbildung müssen wir hinter uns lassen. Es ist nötig, sich vom Ich und seinen Prägungen freizumachen und in die Identifikation der Grenzenlosigkeit des Selbst zu gelangen. Dann sind wir frei. Dann können wir wahrnehmen, wie die Lösung aussieht. Dann kann neues geschehen.

Aber das Schönste, was geschehen kann, ist, sich selbst zu finden. Die größte Entdeckung, die ein Mensch überhaupt machen kann, ist, sich selbst zu begegnen, zu erkennen, wer er ist, seine grenzenlosen Möglichkeiten wahrzunehmen und davon Gebrauch zu machen. Das ist Leben! Der wirkliche Sinn des Ganzen ist, daß wir uns selbst begegnen. Man begegnet sich am leichtesten, indem man eins nach dem anderen losläßt, was nicht zu diesem Selbst gehört.

ZEITEINTEILUNG

Schauen wir also wieder auf die Blockaden und Hindernisse. Wir alle haben in uns begrenzende Formulierungen, Glaubenssätze. Z.B.: Es ist schwierig, einen wirklichen Freund zu finden. Oder: Ich habe nicht genug Zeit, um an meinem Projekt zu arbeiten.

Wenn Sie das glauben, werden Sie recht behalten. Sie werden keine wirklichen Freunde finden und nicht genügend Zeit für Ihr Projekt haben.

Jeder bekommt jeden Morgen 24 Stunden Zeit, keine Sekunde mehr und keine weniger. Das war immer so, wird immer so sein. Der reichste Mann kann sich keine Sekunde dazukaufen und der ärmste kann keine verschenken. Jeder hat gleich viel und auch genügend Zeit zur Verfügung. Womit wir sie ausfüllen, ist eine ganz andere Sache.

Es gibt Menschen, die immer Zeit haben und es gibt solche, die scheinbar unter permanentem Zeitmangel und an Streß leiden. Aber Sie selbst bestimmen, wie Sie Ihre Zeit einteilen und verbringen. Wenn Sie in jedem Bereich Ihre wichtigsten Dinge an die erste Stelle setzen, sollten Sie mit Ihrer Zeiteinteilung keine Probleme mehr haben.

Wir haben genug Zeit. Wieder haben wir uns eine Bewußtseinsfalle gebaut und glauben, wir hätten nicht genug Zeit. In dem Buch »Der Papalagi« habe ich von einem Südseehäuptling gelesen, der irgendwann vor dem ersten Weltkrieg die Städte der Weißen besuchte, dann zurückkehrte und in einem Tagebuch seine Eindrücke festhielt. Da waren einige besonders beeindruckende Sätze. Der Satz, der mir besonders gut gefiel, war: »Der Papalagi beklagt sich immer, wenn eine Stunde vorbei ist, dabei beginnt doch sofort eine neue.«

Wir sind so oft unterwegs zu Seminaren. Da ist soviel vorzubereiten. So vieles muß erledigt werden. Ab und zu möchte ich aber gern ein Buch schreiben. Natürlich sagt mein Verstand: »Wann willst Du denn das noch tun? Du hast ja nie Zeit. Das geht gar nicht.« Doch ich mache es trotzdem. Deshalb stehe ich morgens eine Stunde früher auf. Bevor ich meine eigentliche Arbeit anfange, schreibe ich jeden Morgen fünf Seiten des jeweiligen Buches. Erst dann fange ich mit der anderen Arbeit an.

Es ist durchaus möglich, morgens eine Stunde früher aufzustehen, für etwas, das man wirklich will. Eine Stunde kann ich vom Tag wegnehmen. Und siehe da, so wird ein Buch nach dem anderen fertig, indem ich es Schritt für Schritt schreibe. So geht es.

Sie werden erstaunt sein, wieviel Sie erreichen, wenn Sie an einer Sache dranbleiben und sich nicht ablenken lassen. Entscheiden Sie sich. Wenn Sie etwas wirklich wollen, dann lassen Sie nichts dazwischenkommen. Dann ist dies das Wichtigste. Dann tun Sie es.

Vielleicht gehen Sie einmal in eine Meditation und tun etwas. Denn das, was zu tun ist, ist zunächst einmal geistig zu tun. In Ihnen sitzt die Ursache, das Programm. Nur dort können Sie das Programm ändern. Fangen Sie an der wichtigsten Stelle überhaupt an, beim Selbstbild.

Machen Sie sich auch bewußt, was Zeit eigentlich ist. Wie können Sie zuwenig Zeit haben? Das gibt es gar nicht. Sie können nur zuwenig Zeit haben, wenn Sie in der vorhandenen mehr tun möchten, als möglich ist. Das geht nicht. Der Verstand sagt Ihnen auch, daß es nicht geht. Aber selbst kluge Leute versuchen es immer wieder. Das Ergebnis ist Streß, und geschafft hat es trotzdem keiner.

Machen Sie sich vielmehr einmal folgende Punkte bewußt:

- Warum will ich das, was ich will?
- Ist es sinnvoll, das zu wollen? Will ich das wirklich?
- Entspricht das, was ich will, meinem Selbst?

Durch das Beantworten solcher Fragen kommen Sie dem Stimmigen und damit sich selbst immer näher. Indem Sie solche Begrenzungen erkennen und auflösen, werden Sie Sie selbst.

GESUNDHEIT

Eine weitere Bewußtseinsfalle sind auch Alterskrankheiten oder Krankheit überhaupt. Warum sehen und hören Menschen im Alter immer weniger gut, werden immer steifer und gebrechlicher?

Wir alle denken doch, daß dies zum Alter dazugehöre und haben uns noch nie überlegt, daß Menschen, die ein Leben lang die Chancen für inneres Wachstum mehr schlecht als recht wahrgenommen haben, vielleicht gar nicht mehr zuhören, gar nichts mehr wissen wollen. Wer nicht hören und nicht sehen will, sollte sich nicht wundern, wenn ihm Hören und Sehen langsam vergehen.

Wir müssen uns bewußtmachen, daß Alterskrankheiten nicht sein müssen. Sie sind nichts anderes als die Folgen der Jugendsünden, die wir nicht gelöst haben. Denn es gibt nichts Grundsätzliches, das im Alter Einsamkeit, Leiden und Krankheit vorschreiben würde. Das Gesetz der Resonanz gilt für jede Altersstufe. Das bedeutet, daß wir auch im Alter mit einem heilen, harmonischen, freudvollen Innern ebenso heile, harmonische und freudvolle Entsprechungen im Außen vorfinden werden.

Bleiben wir bei den Krankheiten. Was ist Krankheit? Wer wird krank? Wann werden wir krank und warum?

Das, was wir Krankheit nennen, ist nicht die eigentliche Krankheit, sondern es ist die Information, daß wir etwas falsch machen, daß wir falsch leben, in Disharmonie sind. Die Art des Symptoms zeigt uns zudem ganz genau, wo der Fehler liegt. Wenn wir erkennen, wo er liegt, wissen wir auch, wie es richtigerweise sein müßte.

Gesundheit ist ein natürlicher Zustand des Menschen. Aber wirklich gesund kann ein Körper nur sein, wenn auch die mentalen und emotionalen Ebenen gesund sind.

Wir bestehen aus Geist, Seele und Körper. Wenn wir bestrebt sind, unseren Körper heil werden zu lassen, kommen wir nicht umhin, das Bewußtsein auch hier zuerst auf unser Inneres zu richten. Das Ganze beginnt bei unserem Denken und Fühlen, bei den Bildern, die wir von unserem Körper, unserer Gesundheit haben.

Klären Sie diesbezüglich Ihre Gemütshaltung, korrigieren Sie Fehlhaltungen und Negativbilder. Überlegen Sie zudem, was Sie krank macht. Beherrschen Sie Ihren Körper, haben Sie das Sagen oder werden Sie von Ihrem Körper und von Dingen beherrscht? Ist das Leben, das Sie gegenwärtig führen, in jedem Bereich ein Gewinn für Ihre Gesundheit?

Seien Sie ehrlich und offen im Beantworten der Fragen. Falls Sie nämlich wohl mit positiven Bildern bezüglich Ihrer Gesundheit arbeiten, daneben aber einen Job, eine Partnerschaft, gesellschaftliche Verpflichtungen oder ähnliches haben, das für Sie nicht mehr stimmt, Sie krank macht, wird sich Ihre Gesundheit, Ihr Wohlbefinden kaum ändern.

Ein Gleichgewicht muß zudem auch in der Ernährung Ihres Körpers vorherrschen. Es ist sinnlos, sich mental aufzubauen und weiterhin Nikotin, Alkohol und Schnitzel/Pommes Frites in sich hineinzupumpen.

Auch können Sie keinen gesunden, vitalen und schönen Körper bekommen, wenn Sie nicht regelmäßig für Bewegung und zumindest Gymnastik sorgen oder chronisch zuwenig schlafen, da Ihnen Parties wichtiger sind, als den Bedürfnissen Ihres Körpers nachzukommen.

Entwickeln Sie deshalb eine durch und durch positive Haltung zugunsten Ihrer Gesundheit:

1. Bringen Sie Ihre eigene Welt in Einklang, in Harmonie, indem Sie sich spirituell entwickeln. Lernen Sie richtig zu beten, denn beten bringt Ihre Emotionen, Ihre mentalen Ebenen - Ihr ganzes Wesen - in Einklang. Dieser Einklang verhilft Ihnen in jeder Beziehung zu Gesundheit, zu Heil-sein. Sie lernen sich selbst und Ihre Mitmenschen verstehen, lieben und achten und fördern somit universelles Verständnis, Frieden und Vertrauen.

2. Sorgen Sie sich niemals, denn Ihre schlimmsten Befürchtungen und Sorgen sind doch nie eingetroffen! Statt sich zu sorgen, sollten Sie ab heute gewiß sein, daß die Fülle und Liebe des Universums niemals versiegt und Sie niemals im Stich läßt. Seien Sie unbesorgt, glücklich, fröhlich und lachen Sie...

3. Geben Sie Ihrem Körper das Beste, indem Sie alle schädlichen Gewohnheiten eliminieren, indem Sie die krankmachenden Ursachen beseitigen. Auf diese Weise werden Sie Nikotin, Alkohol, übermäßiges, wertloses Essen ebenso loswerden wie Intoleranz, Kritiksucht, Unzufriedenheit und Furcht.

Achten Sie zudem auf einen auch für Menschen wohltuenden Mechanismus aus dem Tierreich. Wenn ein Tier nichts zu tun hat, legt es sich hin und schläft oder döst zumindest. Ein kleines Nickerchen, wenn möglich sogar mehrmals täglich, erfrischt auch Sie.

Finden Sie heraus, wieviele Stunden Schlaf Sie pro Nacht brauchen, um fit und ausgeruht zu sein, und gewähren Sie sich diesen Schlaf. Sich genügend Schlaf zu gewähren, sich ihm zu überlassen, ist wichtig, um heil zu werden, zu sein und zu bleiben.

Schließen Sie nun die Augen, gehen Sie wieder in diesen inneren Raum, und schauen Sie sich das Bild Ihrer Gesundheit einmal an:

Sie treten geistig vor einen Spiegel und sehen, wie gesund Sie sind. Sie sehen das innere Bild Ihrer körperlichen Situation. Warten Sie, bis dieses Bild klar und deutlich wird. Sehen Sie jetzt das Bild Ihrer Gesundheit, das innere Bild Ihrer körperlichen Situation. Versuchen Sie auch, zu erkennen, wie alt Sie wirklich sind. Das alles können Sie in Ihrem Spiegelbild erkennen.

Verändern Sie nun auch da das Bild, gestalten Sie es so, wie es sein muß, damit es ganz zu Ihnen gehört. Erschaffen Sie das Bild Ihrer optimalen gesundheitlichen Situation. Ändern Sie es so lange um, bis es wirklich stimmt.

Wieder betrachten Sie dann das Bild mit einem Gefühl der Freude, der Dankbarkeit und der Zustimmung. Sie spüren, daß Sie genauso gesund, genauso kraftvoll, genauso jung und frisch sind. Das sind wirklich Sie. Sie spüren, wie dieses Bild im gleichen Augenblick, in dem Sie es geschaffen haben, zu wirken beginnt. Es geschieht.

Wenn Sie dazu bereit sind, schauen Sie noch einmal auf Ihr Bild der inneren Gesundheit, öffnen dann langsam Ihre Augen und sind wieder ganz im Hier und Jetzt.

Sie bekommen Botschaften - schauen Sie aber nicht nur auf eine bestimmte Situation, sondern ganz generell auf Ihre Gesundheit. Wenn Sie in diesem Bild der inneren Gesundheit ein Licht anzünden und zulassen, daß dieses Licht immer heller leuchtet, Ihren ganzen Körper erfüllt, über diesen hinausstrahlt und Sie richtig einhüllt in das Stimmigsein, dann brauchen Sie sich um Details nicht mehr zu kümmern.

So sind Sie gesund. Sie erhalten vielleicht einige Botschaften über den Körper, die Ihnen mitteilen, was zu tun ist, aber Sie sind trotzdem gesund. Sie sehen das, was Sie sind. Lassen Sie sich nie durch irgendwen oder irgend etwas in einen Zwang bringen. Prüfen Sie auch in Meditationen bei jedem Satz, ob er Ihnen entspricht, ob Sie das tun wollen. Formen Sie es solange um, bis es Ihnen entspricht. Lassen Sie sich nie mehr von irgend jemandem manipulieren.

Sie sollten es genießen, wirklich frei zu sein. Sie sollten es genießen, um Ihre Autonomie zu wissen. Niemand kann Einfluß auf Sie nehmen. Sie sind so, wie Sie sind.

Wenn jemand Tabletten nehmen muß, sollte er beim Einnehmen gleichzeitig seine Gesundheit visualisieren. Damit wird die Heilkraft zusätzlich aktiviert. Manchmal gibt es Situationen, in denen Medikamente eingenommen werden müssen, wenn wir vorher falsche Wege gegangen sind, uns vom Stimmigsein getrennt haben. Es ist nicht jedermanns Sache, zu glauben, ein Glas Wasser hätte dieselbe Wirkung.

Wenn Sie auch das schon vermögen, können Sie das Glas Wasser in dem Bewußtsein trinken, dies sei Ihr ideales Medikament zur Heilung Ihrer Krankheit, zur Heilung Ihres ganzen Seins. Wenn Sie das glauben, ruft der Körper die benötigte Wirkung hervor.

Ein Beispiel dafür ist die Hypnose. Als ich früher Hypnosetherapien durchführte, haben wir immer wieder einmal demonstriert, wie Hypnose wirkt. Ich habe jemandem suggeriert, ihm eine glühend heiße Münze auf die Hand zu legen. Ich habe eine aus meinem Portemonnaie genommen, die so warm oder kalt war, wie die anderen auch. Ein, zwei Minuten später war auf der Hand des Betreffenden eine Brandblase entstanden. Der Körper hat an die Suggestion geglaubt und entsprechend reagiert. Es war keine Notwendigkeit für diese Reaktion da, denn die Münze war nicht heiß.

Genauso können Sie, wenn Sie es glauben können, als Medikament ein Glas Wasser trinken.

Sie können auch anders vorgehen, indem Sie den Körper über den Armtest befragen, ob er das Medikament noch braucht und wenn ja, welche Dosierung.

Der Arzt muß das immer auf Grund seiner Erfahrungen abschätzen. Ihr Körper aber WEISS, ihn können Sie mit dem Armtest fragen.

Der Körper ist ein wunderbarer Indikator, der Ihnen beantwortet, ob ihm etwas gut tut oder nicht. Damit Sie eine Methode zur Befragung Ihres Körpers kennenlernen, erkläre ich Ihnen den Armtest.

Halten Sie den Arm waagerecht seitlich hoch. Lassen Sie nun einen anderen versuchen, Ihren Arm herunterzudrücken. Sie Ihrerseits erfühlen, ob es Ihnen dabei möglich ist, Ihren Arm oben zu halten oder nicht. Falls Sie ihn oben halten können, wissen Sie, daß die Energie dieses Muskels momentan optimal ist und können daher über ihn Ihren Körper befragen.

Nun denken Sie einmal an einen für Sie unsympathischen Menschen, einen, den Sie ablehnen, nicht mögen. Wenn Sie ihn im Bewußtsein haben und der andere wieder auf Ihren zuvor kraftvollen Arm drückt, wird es Ihnen jetzt nicht möglich sein, diesen obenzuhalten.

Machen Sie dann die Gegenprobe. Denken Sie an einen Menschen, den Sie sehr gern haben, mit dem Sie es genießen zusammenzusein. Der andere wird bei Ihrer nun veränderten Intention Ihren Arm nicht herunterdrücken können.

So können Sie mit dem Armtest auch herausfinden, ob Ihnen ein Medikament bekommt oder nicht und auch die Dosierung bestimmen.

Auf dieselbe Art ist es möglich, Nahrungsmittel, Getränke, Kosmetika, Kleider, verschiedene Gebrauchsgegenstände etc. auszutesten.

Wenn Sie einen Armtest machen möchten, aber allein sind und somit keine Möglichkeit haben, sich von jemandem auf den Arm drücken zu lassen, können Sie den Fingertest anwenden. Wenn Sie sich darin ein bißchen üben, werden Sie bald zuverlässige Resultate erzielen.

Drücken Sie dazu Daumen und Mittelfinger, oder auch Daumen und Zeigefinger gegeneinander und probieren Sie mit denselben Fingern der anderen Hand, ob der entstandene Kreis aufgeht. Verwenden Sie dabei nicht allzuviel Kraft, denn bei dem Ganzen handelt es sich um eine energetische Angelegenheit, nicht um ein Krafttraining. Nehmen Sie somit Maß. Zuerst ist es wichtig, sich auf die Ja/Nein-Antwort richtig einzustellen. Wenn Sie die Finger zusammenhalten können, sie sich nicht lösen, bedeutet das JA. Wenn die Finger aufgehen, heißt das Nein. Je weniger Widerstand, desto weniger Energie ist vorhanden.

Nehmen Sie dann eine Frage ins Bewußtsein und erfahren Sie auf diese Weise, ob die Antwort Ihres Körpers darauf Ja oder Nein ist.

Diesen Test können Sie überall und jederzeit unauffällig allein durchführen.

BOTSCHAFT UND TRANSFORMATION

Vielen Seminarbesuchern ist es schon so ergangen, daß sie sich sehr auf ein Seminar gefreut haben. Doch kurz davor haben sie begonnen zu erbrechen, so daß sie nicht mehr sicher waren, ob sie überhaupt am Seminar teilnehmen konnten. Der Grund liegt darin, daß ein Seminar nicht auf einen bestimmten Zeitpunkt fixiert ist, sondern eine Entwicklung geschehen kann. Diese Entwicklung beginnt schon einige Zeit vorher. Je näher der Termin rückt, desto klarer wird es einer Instanz in unserem Innern, daß Altes herausgearbeitet werden muß (z.B. durch Erbrechen). Es ist ein ganz eindeutiges Zeichen, daß wir, bevor wir in diese Verwandlung gehen können, loswerden müssen, was nicht mehr zu uns gehört. Der Körper symbolisiert, übersetzt dieses Wissen. Eigentlich sind es alte Ansichten, Verhaltensmuster, Kindheitserinnerungen, Prägungen und alles mögliche, das wir längst nicht mehr sind. Wir ahnen schon lange, daß es im Grunde nicht mehr zu uns gehört, daß wir damit nichts mehr zu tun haben. Wir wollen es endlich loswerden.

Es geht vielen so. Den Hunderttausenden, die keine Seminare besuchen, geht es ähnlich. Doch sie haben Angst davor. Sie wissen, wenn sie dort hingehen würden, könnten sie nachher nicht mehr so weitermachen wie bisher. Sie müßten Altes loslassen, und vielleicht wollen sie das doch lieber nicht. Auch wenn das Alte noch so unstimmig und schmerzhaft ist, ist es doch zumindest etwas Vertrautes, etwas, das immer einen Platz in ihrem Leben gehabt hat. Für viele scheint es einfacher, in einer unharmonischen, bekannten, alten Situation zu bleiben, als sich eine harmonische, (noch) unbekannte, neue zu erschaffen.

Das erinnert mich an eine Hindugeschichte. Ein Mann hatte sein Leben der Suche nach Gott geweiht. Er machte sich auf eine Pilgerreise durch alle Länder der Welt, suchte überall nach Gott und fragte, wer ihm weiterhelfen könne. Eines Tages kam er an ein Haus und wußte: Hier wohnt Gott! Voller Freude ging er die Treppe hoch und wollte gerade an die Tür klopfen, als ihm einfiel, wenn er jetzt anklopfen und die Tür geöffnet würde, wäre er bei Gott. Dann wäre seine ganze schöne Suche zu Ende, seine Pilgerreise, die fremden Menschen, die Begegnungen. Alles wäre plötzlich vorbei. So zog er die Schuhe aus und schlich auf Socken ganz vorsichtig die Treppe hinunter. Er sucht Gott noch heute überall und weiß ganz genau, daß er überall suchen darf, bloß dort nicht, wo er Gott finden würde.

Genauso geht es vielen Menschen. Sie möchten ganz dringend an sich arbeiten. Sie erzählen auch jedem, sie wollten vorwärtskommen und gern endlich die nötigen Schritte für ihre Entwicklung tun. Sie möchten das alte Ich loswerden. Sie möchten gern... sie werden jetzt...

Aber sie sind nicht bereit, endlich damit anzufangen etwas Wesentliches zu tun. Die Angst vor Konsequenzen hindert sie; egal, wie diese auch aussehen würden.

Diese Menschen können gar nicht wissen, wie die Konsequenzen aussehen, und das macht ihnen noch mehr Angst. Alles, was sie wissen, ist, daß sich Konsequenzen ergeben würden, daß sie anders handeln müßten, nicht mehr in ihrer Opfer- oder Täterrolle bleiben könnten, daß sie dann vielleicht nur noch vorwärts und nicht mehr rückwärts könnten. So bleiben sie vor lauter Angst in der Stagnation und konservieren ihr Leben. Da wissen sie, was sie haben und was nicht, da können sie es sich einteilen. Vielleicht haben sie später irgendwann den Mut oder die Gelegenheit...

Wenn Neues, Unbekanntes auf uns zukommt, fühlen wir uns ausgeliefert. Wir möchten das Ganze unter Kontrolle halten und nicht sagen müssen: »Das ist alles neu für mich, das kenne ich nicht, ich bin so hilflos.«

Am ersten Schultag beginnt für die Kinder ein neuer Lebensabschnitt. Es nützt ihnen nichts zu sagen, sie wollen nicht hin, denn sie wissen, daß ein neuer Abschnitt ihres Lebens beginnt, dem sie sich zu stellen haben.

Später ist es uns im Leben oft freigestellt, einen weiteren Schritt vorwärts zu tun. Wenn es soweit ist, haben viele Angst davor. Wir neigen dazu, Angst vor dem Unbekannten zu haben.

Die Aufgabe wäre, das Unbekannte herauszufordern, in das Unbekannte hineinzugehen und sich zu fragen, wovor wir Angst haben. Sicher braucht es Mut dazu.

Versuchen Sie, Gewohnheiten in kleinen Schritten zu ändern, wenn Ihnen die großen Angst machen. Anstatt immer den gleichen Weg zur Arbeit zu gehen, wählen Sie einen anderen.

Die ganz kleinen Schritte erinnern mich an die Geschichte von dem Beamten und dem Hippie. Beide saßen auf einer Bank. Jeder guckte den anderen ein bißchen von oben nach unten an. Der Hippie ließ sich eine Weile mustern. Dann fragte er: »Was bist Du denn?« Der andere antwortete: »Ich bin Beamter.« Darauf der Hippie: »Wann ißt Du denn jeweils?« Der Beamte: »Ich esse immer pünktlich um 12 Uhr.« Der Hippie fragte: »Willst Du ein Abenteuer erleben? Iß doch einmal um 12.30 Uhr!«

Wenn wir sehr festgefahren sind, kann die geringste Veränderung eine Erschütterung sein. Oft merken wir erst, wie wenig flexibel wir geworden sind, wenn wir unsere Gewohnheiten in Frage stellen.

Die Angst vor Veränderung finden wir oft bei Menschen mit geringem Urvertrauen. Menschen, die nicht wirklich in sich ruhen, können sich schwer auf veränderte Situationen einstellen.

Dieses Urvertrauen entsteht noch im Mutterleib. Aber die endgültige Ausprägung erfolgt in den ersten drei Lebensmonaten. Wie die verlaufen, ist entscheidend. Wenn das Neugeborene schreit, und es kommt jemand, trägt das zur guten Ausbildung des Urvertrauens bei. Das Baby erfährt so, daß es etwas bekommt, wenn es Hunger hat, daß es jemand in die Arme nimmt, wenn es sich unwohl fühlt. Wenn die Bedürfnisse nach Geborgenheit und Versorgung erfüllt werden, entsteht in den ersten drei Lebensmonaten das Urvertrauen.

Es gibt Menschen, die sich für besonders klug halten und erklären: »Laß dich doch nicht von dem Gebrüll eines Säuglings tyrannisieren. Laß ihn brüllen, er hört schon wieder auf. Er kriegt etwas, wenn es Zeit ist und nicht, wenn er brüllt. Sonst bist du ewig auf dem Sprung.« So wird das Kind zwar sicherlich pflegeleichter, kann aber nicht genügend Urvertrauen entwickeln. Der »Berater« wurde zudem darin bestärkt, daß er absolut auf dem richtigen Weg ist. So werden wir angepaßte, pflegeleichte Menschen. Aber uns fehlt das Urvertrauen.

Wenn wir dann später in eine neue Situation kommen, in die Fahrschule gehen, die erste Stellung antreten, Bewerbungen schreiben, eine Prüfung machen, dann fehlen uns Mut und Vertrauen.

Ein anderer sagt: »Das habe ich noch nie gemacht. Ich muß einmal sehen, wie das geht.« Er hat die Offenheit, die Bereitschaft und den Mut, sich der Herausforderung zu stellen.

Wir müssen unseren Kindern das bewußt machen und ihnen helfen, noch nachträglich dieses Urvertrauen zu entwickeln, indem man die Frage stellt, was denn in einer neuen, unvertrauten Situation passieren könnte. Das Kind sollte sich im Leben immer die Frage stellen, was denn schlimmstenfalls passieren könnte, wenn es sich an etwas nicht herantraut. Und wir können ihm immer wieder dabei helfen, so daß es mit der Zeit die Geborgenheit in seinem Innern spürt, weil es feststellt, daß ihm gar nichts passieren kann. So entsteht eine neue Art Vertrauen.

Wenn die Kinder größer sind, kann man ihnen mit den geistigen Gesetzen helfen, indem man sie erkennen läßt, daß ihnen nicht zufällig irgend etwas geschehen kann. Wir können ihnen aufzeigen, daß es keinen Zufall gibt, nur Ursache und Wirkung. Und daß wir selbst es sind, die die Ursachen setzen.

Man kann Kindern auch erklären: »Wenn du Mathematik nicht lernst, hast du hinterher eine schlechte Note in der Arbeit oder bleibst irgendwann deswegen sitzen oder bekommst dein Abitur nicht. Es ist deine Entscheidung. Weder sind es die bösen Lehrer noch irgendwelche anderen, die dich nicht lassen. Es sind auch nicht die Eltern oder der Lehrer, die deine Fähigkeiten nicht erkennen. Du bist es, und du kannst es in jedem Augenblick ändern.«

Ich habe schon mit Vierjährigen gearbeitet und es ihnen in ihrer Sprache bewußt gemacht. Es geht wunderbar. Dazu kann man natürlich sehr gut die Sprache der Märchen nehmen. Märchen sind eine fantastische Möglichkeit, um einem Menschen die Wirklichkeit nahezubringen.

Wir müssen den anderen dort abholen, wo er steht, und ihn erinnern. Mehr ist es nicht. Wir sagen ihm nichts Neues. Wir erinnern ihn an sich selbst, geben ihm ins Bewußtsein, daß er alles selbst macht. Wenn er Hilfe braucht, helfen wir ihm dabei. Aber nur er selbst kann es tun. So bekommt der andere Vertrauen zu sich selbst.

Viele von uns haben ein Machtproblem. Wir glauben, keine Macht über uns selbst zu besitzen und versuchen deshalb, wenigstens Macht über andere oder über Situationen zu bekommen.

Das schlägt sich auch in der Kindererziehung nieder. So fühlen sich manche von quengelnden Kindern provoziert und fragen sich, ob sie ihnen alles durchgehen lassen müssen. Der einzige Ausweg scheint ihnen nur mit folgenden Forderungen möglich: »Wenn du endlich brav bist, bekommst du das Gewünschte anschließend. Du kannst es aber keinesfalls kriegen, wenn du so weitermachst, mir auf die Nerven gehst und versuchst, dich durchzusetzen«.

Auf diese Weise bekommen wir allmählich angepaßte, brave Kinder. Ist es das, was wir wollen?

Niemand auf der Welt hat die Macht, Sie zu ärgern, niemand und nichts. Noch nie hat irgend etwas oder irgendwer Sie geärgert. Das müssen Sie schon selber tun. Und Sie sind der einzige, der es auch lassen kann.

Ärgern kann ein Kind Sie nicht. Das beantwortet aber noch nicht die Frage der Erziehung. Wenn ein Kind schreit, wird das, was es will, nicht richtiger. Wenn es richtig ist, daß das Kind es haben sollte, dann sollten Sie es ihm geben, ohne daß es danach schreien muß. Wenn das Kind es nicht haben sollte, dann sollten Sie es ihm auch dann nicht geben, wenn es dauernd schreit. Schreien ist kein Argument.

Kinder sind viel gesünder und viel ausdauernder als Erwachsene. Sie gehen den Eltern so lange auf die Nerven, bis diese nachgeben, damit sie ihre Ruhe haben. Doch das ist keine Rechtfertigung. Das ist eine Schwäche.

Gehen wir noch etwas weiter und überlegen uns, was Erziehung überhaupt ist. Es ist nicht das, was wir normalerweise daraus machen, wenn wir versuchen, gewisse Wertvorstellungen und Erfahrungen, die wir gemacht haben, weiterzugeben. »Das darfst Du. Das darfst Du nicht. So geht es, so geht es nicht.« Dadurch geben wir dem Kind unsere Prägungen, unsere Bilder, die oft nicht über alle Zweifel erhaben sind, weiter.

Das ist nicht Erziehung, obwohl das meistens darunter verstanden wird. Erziehung ist eigentlich das Abenteuer, miteinander den besten Weg zueinander zu finden, sich gegenseitig zu helfen, sich selbst zu erkennen. Das ist Erziehung. Und dafür gibt es keine Rezepte oder so viele davon, wie es Kinder gibt.

Früher hatte ich eine ganz klare Vorstellung, wie Kindererziehung zu sein hat. Inzwischen habe ich ein paar Kinder und keinerlei Vorstellungen mehr. Wir können also bestenfalls zusammen herausfinden, wie es geht.

Lesen Sie keine Bücher und fragen Sie keine Experten, was in einer bestimmten Situation zu tun sei, sondern fragen Sie sich selbst, und schauen Sie hin, ob es stimmt.

Lassen Sie uns in diesem Zusammenhang noch einmal auf das Thema Gesundheit/Krankheit zurückkommen. Auf die Botschaften, die uns unser Körper vermittelt, sollten wir stets genauestens achten. Welche Botschaften bekommen Sie über die Symptome? Wo müßten Sie handeln, ins Tun kommen, damit Sie Ihre Schmerzen, Ihre Krankheit loswerden?

Es gibt verschiedene Botschaften. Z.B. gibt es Schwindelanfälle, welche bedeuten können, daß sich alles um Sie dreht. Vielleicht ist es genau das, was Sie schwindlig macht. Jetzt sollten Sie für sich selbst sorgen. Sie sollten sich selbst Ihre beste Freundin sein, Ihre liebste Mutter, Ihr Alles, sich so lieben, daß Sie wirklich das Beste für sich tun.

Wenn Schwindelanfälle nur in einem zeitlichen Zusammenhang mit einem Seminar auftreten, sagen sie, jetzt dreht sich alles um Sie, jetzt geht es wirklich zur Sache.

Stellen Sie sich vor, Sie seien Ihr eigener Patient. Sie erinnern sich daran, was zu tun ist und verordnen sich selbst das Beste. Das sind Konsequenzen, praktisches Tun.

Dafür brauchen Sie immer die Botschaften, nämlich die Symptome.

Wenn sich plötzlich ein Sekret in Ihren Lungen lösen sollte, bedeutet das die Lösung einer alten Sache. Seien Sie froh und dankbar für solche Begebenheiten, auch wenn sie Ihnen im Moment vielleicht unangenehm sind.

Erkennen Sie, was Bronchien sind. Was wissen Sie über diese Energie? Was bedeuten Ihnen die Bronchien? Bronchien sind der Zugang zu den Lungenflügeln. Da geht es um Ihre Entfaltung. Es löst sich etwas in der Entfaltungsmöglichkeit. Lösen heißt ausscheiden. Sie werden ein Sekret los. Es ist nachher nicht mehr da, weil es da nicht mehr hingehört. Der Körper zeigt Ihnen symbolisch den Vorgang auf, daß Sie gerade dabei sind, sich von Einengungen zu befreien, daß Sie gelöster werden. Etwas löst sich allmählich. Sie brauchen es nicht zu beschleunigen. Die Natur macht es im idealen Tempo. Sie müssen es nur nicht behindern oder gar verhindern. Begrüßen Sie es, und seien Sie dankbar für diesen Prozeß.

Bei Herzrhythmusstörungen wird angezeigt, daß im Gefühlsleben etwas nicht stimmt. Das Herz ist das Gefühlszentrum. Wenn Sie nicht auf Ihre Gefühle, auf Ihr Herz hören, bekommen Sie Rhythmusstörungen. Damit macht Sie Ihr Herz wieder auf sich aufmerksam. Wenn jemand gar nicht mehr oder über lange Zeit zuwenig auf seine Gefühle hört, bekommt er einen Herzinfarkt. Das sind Menschen, die die Dinge mit dem Kopf erledigen und dabei manchmal ziemlich herzlos wirken. Die Botschaft ist, nicht mit dem Kopf, sondern aus dem Herzen, aus der Liebe heraus zu leben.

Seminarteilnehmer, die das, was sie im Seminar hören, mit der falschen Stelle verarbeiten, bekommen oftmals Kopfschmerzen. Der Kopf tut ihnen weh, weil es ihm zuviel wird, wenn alles über ihn verarbeitet werden soll.

Dann gibt es wieder andere, die fühlen sich in Seminaren ausschließlich wohl, da sie sich selbst näher kommen und spüren, daß es ihnen entspricht, stimmig ist, sie in dieser Energie gemeint sind.

Die Botschaft einer Bänderdehnung ist, daß Sie sich nicht genug dehnen. Die Konsequenz ist, lebensbereiter zu werden, sich mehr auszudehnen, auszuweiten. Hier fehlt es an Flexibilität, wodurch Sie offensichtlich überdehnt werden. Auf der einen Seite gibt es eine starke Motivation, die notwendigen Schritte zu tun, auf der anderen eine zu starke Festigkeit. Das Stehenbleiben überdehnt Sie. Wenn Sie die Botschaft verstehen, ergibt sich die Konsequenz daraus. Dann müssen Sie sich nur noch entscheiden, ob Sie es tun oder nicht.

Doch was ist zu tun? Wie werden Sie flexibler? Sie werden flexibler, indem Sie Ihren Standpunkt in Frage stellen, indem Sie hinschauen, wo Sie in Ihren Ansichten zu fest geworden sind. Wo sind Sie nicht beweglich genug im Leben? Wenn Sie es nicht verstehen, bekommen Sie nicht nur über die Symptome die Botschaft. Sie erhalten sie auch über Nachhilfeunterricht im Leben. Das können Krisen sein, Schicksalsschläge, Katastrophen. In welcher Beziehung haben Sie bereits einmal oder mehrmals intensiv Nachhilfeunterricht vom Leben erhalten?

Ich kenne jemanden, der hat ein künstliches Hüftgelenk. Die Notwendigkeit dazu basierte angeblich auf einem Bruch, bedingt durch einen Arbeitsunfall. Die Ärzte sagten, der Bruch sei schief zusammengewachsen. Die Kugel sei dadurch im Laufe der Zeit aus der Pfanne herausgezogen und stark abgenutzt worden.

Die Ärzte sagen, daß das künstliche Hüftgelenk nach fünf, sechs Jahren locker wird. Doch der Mann ist der festen Überzeugung, daß er in Zukunft damit genauso weiterlaufen kann, als hätte er ein gesundes. Alle im Krankenhaus übermittelten ihm, er sei nicht bei Trost, nach seiner Entlassung weiter als Maurermeister zu arbeiten, also auch Zementsäcke zu schleppen. Sie sagten ihm, er solle froh sein, überhaupt noch gehen zu können, denn ab jetzt sei er ein Krüppel. Doch der Mann hat sich selbst geglaubt, nicht den anderen und ist nach wie vor in seinem Beruf tätig.

Auch hier ist es wichtig, auf die Botschaft zu achten. Es kommt darauf an, wem Sie glauben. Egal, wem Sie glauben, Sie werden recht behalten. Wenn Sie dem Herrn Professor, mit mehreren Doktortiteln und einer 35-jährigen Erfahrung, der weiß, daß das künstliche Gelenk bestenfalls fünf, sechs Jahre hält, glauben, werden Sie damit recht behalten. Wer weiß, wie lange Sie mit diesem Gelenk jedoch herumlaufen, wenn Sie nicht auf diese Vorprogrammierung einsteigen.

Beim Zahnarzt ist es dasselbe. Sie lassen sich von diesem eine Brücke einbauen oder eine Plombe einsetzen. Es hält alles eine Weile, und dann muß man es eben wieder neu machen. Wenn Sie das glauben, passiert genau das.

Als ich 17 Jahre alt war, mußte ich zum Zahnarzt. Es war nach dem Krieg. Wir hatten so gut wie nichts zu essen, und der Körper war ausgelaugt. Der Zahnarzt mußte bohren, rutschte mit dem Bohrer in meinen ganz weichen Zahn hinein und sagte: »Mit Ihren Zähnen werden Sie nicht viel Freude haben. Mit 30 Jahren haben Sie dann wohl ein Gebiß.« Mit 32 Jahren habe ich denselben Zahnarzt noch einmal besucht. Er kannte mich nicht mehr und untersuchte meine Zähne eingehend. Dabei teilte er mir mit: »So gute Zähne wie Sie hätte ich auch gern.« Ich habe heute noch kein Gebiß und werde sicher auch keins bekommen.

Alles ist eine Frage der Einstellung. Wir entscheiden, was wir glauben. Auch wenn von der Substanz her aus ernährungswissenschaftlicher Sicht die Voraussetzungen nicht da sind, kann sich der Körper jederzeit ändern. Die Voraussetzungen dafür sind geschaffen worden, und die Zähne sind in Ordnung.

Wir bekommen laufend Botschaften. Zunächst sollten Sie, wenn Sie vom Wissen zum Tun kommen, das tun, wozu das Leben Sie bereits drängt.

- Welche Botschaften bekomme ich über meinen Körper?
- Welche Probleme habe ich? Die Sprache der Probleme beachten!
- Was ist zu tun?

Nehmen wir das Beispiel der Ungeduld. Wenn Sie ungeduldig sind, sollten Sie sich fragen, wo Sie denn so schnell hin wollen und warum. Was hätten Sie denn gern? Was ist das Ziel Ihrer Ungeduld?

Es gibt Menschen, die möchten schneller ihr Wissen erweitern, alles schneller umsetzen können. Der Verstand meint, es müßte schneller gehen. Der Verstand drängt Sie in die Ungeduld, und wenn Sie wieder zu sich kommen, ist die Ungeduld weg. Also kommen Sie zu sich, bleiben Sie bei sich. Dann ist alles im Fluß, alles in Harmonie.

Stellen Sie sich vor, Sie könnten mit dem Finger schnippen und wären wieder allwissend. Was würden Sie dann tun? Dann wäre das Spiel vorbei. Sie wären nicht am Ziel, sondern am Ende. Das ist alles.

Das gleiche würde geschehen, wenn jemand ein goldenes Händchen hätte. Er könnte beim Spielen nur Sechsen würfeln. Sie spielen »Mensch ärgere Dich nicht«. Sie haben kaum begonnen, und schon hat der andere alle Figuren im Ziel. Nun kann er sagen, er hätte gewonnen. Er kann aber auch sagen: »Ich bin draußen. Ich darf nicht mehr mitspielen wie die anderen.«

Ungeduld führt zu nichts. Selbst der Verstand muß das einsehen. Sie sollten lernen, Ihr Wissen zu erweitern, es zu genießen und nicht schon allwissend sein zu wollen. Das sind Sie sowieso. Sie sollten sich sukzessive, langsam, genießerisch Schritt für Schritt wieder daran erinnern, daran gewöhnen, daß Sie längst alles wissen, immer gewußt haben.

Neben der Ungeduld gibt es ein anderes Problem. Das Problem, daß sich Menschen von anderen leben lassen, nicht fähig sind, für sich und ihr Leben selbst die Verantwortung zu übernehmen. Dauernd zweifeln sie an sich selbst, fragen sich, ob sie es wohl richtig machen und was die anderen dazu sagen. Die einen zweifeln nie an sich selbst, stellen nie etwas bei sich in Frage und die anderen tun es zu oft. Beides ist nicht gesund.

Die Botschaft beim ewigen Zweifler an sich selbst ist eindeutig. Ihn prägt offensichtlich ein Kindheitsbild. Er mußte sich nach anderen richten, und wenn er es nicht machte, bekam er ein paar hinter die Ohren. Damals war diese Entscheidung, die er getroffen hatte, absolut richtig. Doch jetzt schleppt er sie noch immer mit sich herum und denkt: »Das tut man nicht. Was sollen denn die Nachbarn sagen oder die anderen denken.« Er müßte dieses Bild dringend loswerden.

Prüfen Sie einmal für sich, wo Sie in Ihrem Leben Rücksicht auf andere nehmen.

Es gibt solche, die nehmen laufend Rücksicht auf andere, damit alles funktioniert. Das Wort »funktionieren« ist bewußt oder unbewußt ein wichtiger Bestandteil ihres Lebens. Alles muß funktionieren, sonst kommt es aus dem Tritt. Dann läuft nichts mehr.

Hier wäre es äußerst heilsam, endlich einmal aus dem Tritt zu kommen. Falls Sie in einer Partnerschaft, einer Gemeinschaft leben, die nur funktioniert, wenn Sie sich verbiegen, nicht so sein können, wie Sie eigentlich sind, ist es diese Verbindung nicht wert, gelebt zu werden. Dann gehört sie nicht zu Ihnen.

Natürlich wissen Sie das. Und was machen Sie? Sie vergewaltigen sich, und zwar dauernd. Sie vergewaltigen sich, damit es funktioniert. Warum halten Sie etwas, was nicht mehr lebensfähig wäre, am Leben, indem Sie sich verbiegen? Warum zahlen Sie einen so hohen Preis?

Dort sind auch etwaige Gewichtsprobleme zu suchen. Sie belasten sich mit Sachen, die nicht mehr zu Ihnen gehören.

Sie wissen es vermutlich und machen es sich trotzdem schwer. Sie schleppen viel Unnötiges mit sich herum. Und argumentativ haben Sie den Kreis geschlossen: »Ich möchte ja anders leben, aber wenn ich das tue, dann funktioniert es nicht mehr. Wenn es nicht mehr funktioniert, dann läuft gar nichts mehr. Es muß weitergehen. Also darf ich mich nicht verändern.«

Irgendwie haben Sie sich selbst überredet, vergewaltigen Sie sich weiter und tun etwas, das Ihnen nicht entspricht, anstatt zu sagen: »Entweder gehört diese Gemeinschaft, in der ich lebe, zu mir, so wie ich bin, oder die anderen kommen damit nicht zurecht, dann gehört die Gemeinschaft nicht mehr zu mir.« Dann müssen Sie den Mut aufbringen, Konsequenzen zu ziehen oder dem anderen Gelegenheit zu geben, einmal Ihnen selbst zu begegnen.

Viele Menschen sind zwanzig, dreißig Jahre verheiratet, ohne dem Selbst des anderen je begegnet zu sein. Sie wissen voneinander nicht, wie sie wirklich sind. Sie haben miteinander bloß eine bestimmte Art gefunden, eine Rolle, wie sie sich zu verhalten haben, damit es funktioniert. Der eine macht es so, der andere so, und dann wissen beide, daß es auf diese Weise ganz glatt geht. Wollen Sie für den Rest Ihres Lebens weiterhin in einer Rolle funktionieren? Vielleicht funktioniert es wunderbar. Sie denken, sie kämen miteinander gut zurecht. In Wirklichkeit sind Sie einander jedoch noch nie begegnet.

Der Sinn des Lebens ist Selbstverwirklichung und deswegen sind wir hier. Nicht um Selbstvergewaltigung zu betreiben.

Wenn Sie das erkannt haben, werden Sie verstehen, daß Sie sich durch Selbstvergewaltigung nicht selbst verwirklichen und somit den Sinn Ihres Lebens nicht erfüllen. Dann wird es höchste Zeit, den Mut zu haben, eine Veränderung herbeizuführen.

Wenn Sie hier sind, um sich selbst zu verwirklichen, taucht die Frage auf, wieweit Sie im Leben auf andere, auf Ihren Partner Rücksicht nehmen müssen. Was ist z.B. zu tun, wenn Sie Seminare besuchen wollen und Ihr Partner dies ablehnt? Wieweit müssen Sie auf einen anderen Rücksicht nehmen, wenn er beleidigt, verletzt, gekränkt oder auch nur irritiert ist, bloß weil Sie etwas tun, das ihm nicht paßt?

Wie auf allen Ebenen ist es häufig so, daß der andere negativ reagiert, weil es ihm Angst macht, da es für ihn etwas Unbekanntes ist.

Falls es sich um etwas Wichtiges in Ihrem Leben handelt, können Sie versuchen, den Partner neugierig zu machen. Vielleicht wird er neugierig, wenn Sie sich immer mehr zurückziehen. Vielleicht fragt er bald einmal: »Was ist, warum ziehst Du Dich zurück?« Sie antworten ihm dann: »Ich habe so spannende Bücher.« Das genügt ihm nicht und er ruft: »Kommst Du herunter? Es ist etwas Interessantes im Fernsehen.« Lassen Sie sich nicht aus der Ruhe bringen: »Weißt Du, so interessant kann das nicht sein. Ich möchte Dich auch nicht stören. Du kannst es mir ja später erzählen.« Der Partner wird immer neugieriger.

Mit der Zeit nähert er sich Ihrem Thema immer mehr an. Wer weiß, vielleicht wird er so fasziniert davon, daß er sich selbst Literatur anschafft und versucht, Sie damit sogar zu überbieten.

Wenn Sie auf diese Weise keinen Erfolg haben, bleibt Ihnen kein anderer Weg mehr, als den Mut zu haben, ganz offen Sie selbst zu sein. Lassen Sie sich nicht länger in eine Schablone pressen, denn die kennen Sie nun. Aber Sie kennen die Substanz Ihres eigenen Seins nicht, weil Sie sich noch nie trauten, der Mensch zu sein, der Sie wirklich sind.

Erklären Sie Ihrem Partner und den Menschen in Ihrer Umgebung, was Sie tun wollen. Vielleicht möchten Sie malen. Möchten die Zeit dabei vergessen, nicht immer pünktlich irgendwo sein. Vielleicht können Sie gut malen, haben aber keine Zeit dazu, weil Ihr Partner ein Geschäft hat, in dem Sie sich beteiligen müssen. Wenn jemand krank ist, müssen Sie einspringen. Das ergibt für Sie eine Menge Umstände, denn es ist unmöglich, immer wieder mitten im Malen aufzuhören. Die Inspiration stellt sich auf diese Weise gar nicht ein.

So leben Sie ein Leben, das gar nicht Ihr Leben ist. Andere bestimmen, wie es zu sein hat. So richten Sie sich nur nach anderen. Nach den Öffnungszeiten, dem Hund, dem Garten und dem Geschäft.

Es besteht die Möglichkeit, ein Geschäft so weit zu verkleinern, daß einer allein es führen kann. Oder es gibt die Möglichkeit, daß ein anderer Ihre Stelle einnimmt, Ihren Job tun möchte, damit Ihnen das offensteht, was Sie als Ihre Be-rufung erachten.

Vor ein paar Jahren besuchte in der Schweiz ein Ehepaar zum ersten Mal ein Seminar. Sie waren schon älter, hielten sich bei der Hand, guckten mit leuchtenden Augen und genossen es offensichtlich, da zu sein.

In der Pause erklärten sie dann: »Wir können uns das sonst nicht leisten, denn wir sind beruflich sehr eingespannt in einem Wirtschaftszweig, der immer weiter bergab geht. Wir müssen noch sechs Jahre durchhalten, weil wir die Hypotheken des Hauses bezahlen müssen. So lange muß es noch gehen. Es ist sehr, sehr schwer. Wir haben sonst nie Zeit und auch nicht das Geld, um ein solches Seminar zu besuchen.«

Ich erkundigte mich, wie groß das Haus sei und wieviel sie noch zu bezahlen hätten. Das Paar war noch um Fr. 360.000 im Rückstand, nachdem es schon ungefähr 1.2 Millionen bezahlt hatte. Ich meinte: »Dann haben Sie doch keine Schulden mehr. Sie sind Millionäre und schränken sich so ein, daß Sie sich nicht einmal ein Seminar leisten können? Verkaufen Sie doch dieses Haus, um frei zu sein.«

Sie verkauften nicht nur das Haus, sondern auch noch ihren Betrieb. Der Mann hatte Verantwortungsbewußtsein für die Arbeitsplätze. Sechs davon wollte er erhalten. Er schloß den Betrieb nicht, sondern verkaufte ihn und blieb Berater desselben. Der neue junge Besitzer war froh, den erfahrenen bisherigen Eigentümer um Rat fragen zu können.

Heute arbeitet er nur noch halbtags. Er ist Millionär, kann von seinen Zinsen gut leben, verdient noch so viel, wie er braucht. Er hat zudem Zeit und Lust, ab und zu mit seiner Frau ein Seminar zu besuchen. Mit leuchtenden Augen sitzen beide hier und freuen sich, endlich auf diese wunderbare Idee gekommen zu sein.

Zuvor hatten sie es nicht erkannt. Sie lebten immer in der fixen Vorstellung, noch sechs Jahre arbeiten, sich abrackern zu müssen, in der Hoffnung, sie selbst, der Betrieb und die Wirtschaftslage würden noch so lange durchhalten. Vielleicht hätten sie durchgehalten, wären ihren Verpflichtungen nachgekommen, hätten ihre Hypothek bezahlt und wären dann gestorben. So aber haben sie rechtzeitig das Richtige getan und genießen nun ihr Leben in vollen Zügen.

Eine Frau wollte gern ein Haus verkaufen, um das Startkapital für das zu haben, was sie tun wollte. Mit ihrer Hälfte des Geldes wollte sie ihr eigenes Leben einrichten. Doch ihr Mann wollte das Haus nicht verkaufen. Sie konnte ihn nicht überzeugen, das Haus zu verkaufen. Er sagte immer: »Später, wenn wir alt sind, haben wir nichts mehr. Wir bekommen von niemandem etwas. Wir haben keine Kinder.«

Glauben Sie nicht daran. Eine Mutter kann zehn Kinder großziehen; aber zehn Kinder können keine Mutter erhalten.

Seine Frau wußte das, doch sie konnte ihm die Angst vor dem Alter und davor, daß er dann nichts mehr hätte, nicht nehmen. Er sagte: »Eventuell muß ich gelähmt im Altersheim liegen, und jemand muß mir zu essen geben.«

Es war unglaublich, welche unterschiedlichen Bilder da aufeinanderprallten.

Ich habe ihr den Rat gegeben, sich zu überlegen, ob sie ihren Traum wahrhaftig Wirklichkeit werden lassen wolle. Wenn ja, sei sie auch bereit, den Preis zu bezahlen. Dann würde sie nach Hause gehen und ihrem Mann die Mitteilung machen: »Lieber Schatz, ich habe mit Dir zu reden. Ich bin zum Entschluß gekommen, so nicht weiterzumachen. Ich möchte es ab jetzt so und so handhaben. Wir können entweder den Betrieb oder das Haus verkaufen. Jedenfalls springe ich nicht mehr ein, denn ich will leben und kann somit mein Leben nicht mehr an mir vorüberziehen lassen.«

Verschieben Sie nichts mehr auf morgen, was Sie gestern schon auf heute verschoben haben. Lassen Sie sich zu nichts drängen. Sie müssen spüren, wann es für Sie stimmt. Doch gehen Sie nicht immer wieder in ein Leben zurück, das Ihnen gar nicht entspricht.

Trauen Sie sich, Ihren Gedanken freien Lauf zu lassen. Machen Sie die Fenster auf, gehen Sie hinaus, und lassen Sie Ihre Phantasie spielen.

Wir alle haben irgendwo Schablonen, in die wir hineinschlüpfen, um zu funktionieren, weil es anders angeblich nicht geht, weil der andere scheinbar verletzt, beleidigt oder gekränkt ist oder sich von uns scheiden läßt und uns die Kinder wegnimmt. Also funktionieren wir, zahlen 24 Stunden jeden Tag unseren Preis und vergewaltigen uns selbst.

Wir können unser Leben auf zwei Ebenen gestalten. Eine Ebene ist die Ebene des Tuns und die andere ist die Ebene des Seins.

Auf der Ebene des Tuns gibt es Probleme, Schwierigkeiten, Leid, Krankheiten, Botschaften. Auf dieser Ebene müssen Sie an sich arbeiten, Zeiten der Stille einschalten, meditieren, sich entwickeln, vorwärtskommen.

Auf der anderen Ebene entfällt das alles. Sie brauchen nur noch zu sein. Hier sind Sie in Ihrem wahren Zustand, hier sind Sie ein göttliches Wesen im Einklang mit Gott.

Da sich die meisten auf der Ebene des Tuns bewegen, müssen wir uns zunächst diese Ebene noch einmal anschauen. Wir schauen miteinander gründlich das Tun an und sehen, wie wir Schritt für Schritt vorwärtskommen können.

Zunächst müssen wir uns bewußt machen, daß es keinen Trick gibt. Vielleicht hat der eine oder andere dieses Buch gekauft, um irgendeine raffinierte Technik der Selbstüberlistung zu erlernen, damit das, was er bisher nicht geschafft hat, von allein geschieht.

Machen wir uns bewußt, halten wir fest, daß es keinen Trick gibt, sich zu überlisten. Wir müssen es selbst tun. Dazu gibt es ein Hilfsmittel, nämlich das mentale Vorauserleben.

Genauso wie Sie sich falsche Gewohnheiten eingeprägt haben, können Sie sich erwünschte, bessere, richtigere Gewohnheiten einprägen, indem Sie diese mental vorauserleben.

Schließen Sie Ihre Augen, versetzen Sie sich in eine bestimmte Situation, und stellen Sie sich vor, wie Sie sich in dieser Situation in Zukunft verhalten möchten. Sie ziehen aus der Vorstellung, aus dem Vorhaben, das Ganze in die Gegenwart: So sind Sie jetzt. So machen Sie es jetzt. Genau so verhalten Sie sich.

Wenn Sie das lebendige Erleben des erwünschten Verhaltens beharrlich wiederholen, haben Sie damit Erfolg. Eine normale Gewohnheit braucht etwa zwanzig bis dreißig Wiederholungen, damit sie eingeschliffen ist. Wenn dem eine stark eingegrabene Gewohnheit entgegensteht, kann es sein, daß Sie achtzig bis hundert brauchen, um diese neue Gewohnheit durchzusetzen. Dann haben Sie es aber in jedem Fall geschafft. Selbst wenn Sie das Verhalten nur einmal am Tag wiederholen, sind Sie in drei Monaten am erwünschten Punkt, leben die gewünschte Gewohnheit. Wenn Sie es sogar dreimal am Tag machen, haben Sie auch eine hartnäckige, negative Gewohnheit in einem Monat in eine positive umgewandelt.

Um die Technik des mentalen Erlebens noch einmal zu erklären, gebe ich Ihnen ein weiteres Beispiel. Tagtäglich erleben wir ähnliche Situationen. Stellen Sie sich folgendes vor: Es ist Sonntag, die Sonne scheint, und Sie fahren mit Ihrem Auto auf der rechten Straßenseite einer Hauptstraße mit einer Geschwindigkeit unter 50 km/h. Alles bei Ihnen stimmt und Sie sind wohlgelaunt.

Jetzt kommt ein anderer Wagen von links und nimmt Ihnen die Vorfahrt. Sie müssen blitzschnell mit einer Notbremsung reagieren, rutschen auf den anderen zu. Mit der Stotterbremse können Sie noch im letzten Augenblick den Zusammenstoß vermeiden. Ihr Auto kommt zum Stehen, der andere fährt weiter, kümmert sich überhaupt nicht um Sie. Möglicherweise hat er es vielleicht gar nicht mitbekommen, schläft noch halb, hat Krach mit seiner Frau oder ist in Gedanken ganz woanders.

Die Frage ist nun, wie Sie in einer solchen Situation reagieren. Ist Ihre ganz spontane Reaktion die, daß Sie dem anderen nachrufen: »Gott segne Dich«, dann sind Sie schon sehr weit gekommen mit Ihrer inneren Arbeit. Der eine oder andere hätte aber bestimmt einen kräftigen Ausdruck hinzufügt und sich sehr darüber geärgert, daß der andere Fahrer nicht aufgepaßt hat. Vielleicht ärgern auch Sie sich in einer solchen Situation und qualmen noch ein paar Stunden still vor sich hin, bis der Ärger allmählich verraucht.

Jetzt wird Ihnen bewußt, was da geschehen ist, daß dieses Verhalten nicht optimal ist, daß es eigentlich nicht mehr zu Ihnen gehört, Ihrem inneren Maßstab nicht mehr entspricht. Sie könnten nun rechts heranfahren, anhalten, die Augen schließen und die gleiche Situation noch einmal mental durcherleben.

Stellen Sie sich mental vor: Die Sonne scheint noch immer, Sie sind noch immer auf der Hauptstraße, fahren noch immer rechts und 50 km/h. Alles ist gut, und Sie fühlen sich so richtig wohl. Sie spüren es, lassen es richtig lebendig werden. Dann kommt ganz plötzlich das Auto von links und nimmt Ihnen die Vorfahrt, und wieder erleben Sie, wie Sie blitzschnell bremsen, nur jetzt erleben Sie Ihre Freude. Sie erleben, wie Sie sich auf die Schulter klopfen und sagen: »Donnerwetter, damit habe ich doch wirklich nicht gerechnet, und trotzdem habe ich schnell und richtig reagiert, habe einen Unfall und damit viel Ärger mit der Werkstatt und der Versicherung vermieden. Vielleicht habe ich sogar einen Arbeitsausfall, Verdienstausfall und Krankenhausaufenthalt für uns beide vermieden. Alles das ist möglich geworden, weil ich schnell und richtig reagiert habe.« Sie freuen sich noch ein paar Stunden über Ihre schnelle, richtige, souveräne Reaktion.

Das wäre die gleiche Situation mental nacherlebt und umgesetzt in ein erwünschtes Verhalten. Denn es ist wichtig, nicht nur positives Verhalten vor-, sonder auch nachzuprogrammieren. Dies alles wirkt aufbauend auf Ihre gesamte Persönlichkeit. Mit der Zeit stehen Sie auf einem so hohen Niveau, daß Sie gar nicht mehr anders können, als in jeder Situation, sei sie noch so delikat, optimal zu reagieren.

Wenn allerdings Blechschaden entstanden wäre, sollten Sie sich überlegen, wo im Leben Ihnen, symbolisch gesehen, einer auffährt oder wo Sie jemandem auffahren.

Hier sind wir wieder beim Punkt, die Botschaft zu beachten. Alles, was Ihnen widerfährt, ist eine Botschaft. Was will sie Ihnen sagen? Warum fährt Ihnen der andere ins Auto, in Ihr Selbst? Welche Stelle Ihres Selbst wird beschädigt? Auch das sagt etwas aus. Auto heißt Selbst, ist also ein Symbol für das Selbst. Und die Stelle, die beschädigt wird, ist eine Botschaft wie beim Körper.

Beim Körper gibt es vier Botschaften: Den Körperteil, das Organ, das Symptom und die Seite. Generell ist bei allem, was Ihnen widerfährt, die Botschaft zu beachten und zu hinterfragen, die Ursache dahinter zu klären.

Wie Sie schon erkannt haben, steckt auch hinter dem Rauchen eine Ursache. Sie können sagen: »Für meine Kreislaufschwierigkeiten, meine Arterienverengungen, meine Kurzatmigkeit ist das Rauchen verantwortlich. Für meinen Bronchialhusten kenne ich die Ursache - das Rauchen.« Aber Sie sollten einen Schritt weitergehen und fragen, warum Sie überhaupt rauchen. Diese Botschaft, diese Ursache gilt es zu erkennen und aufzulösen, nicht nur das Symptom Rauchen zu beseitigen.

Beim Abnehmen ist es dasselbe. Wenn Sie ein paar Pfunde verlieren möchten, können Sie weniger essen. Sie setzen sich vielleicht auf die neueste Paracelsus-Diät, Punkte-Diät oder wie immer diese Diäten so wohlklingend heißen. Sie können auch nur noch tief atmen und gar nichts mehr essen.

Es spielt keine Rolle, welche Diät Sie wählen. Sie essen weniger und nehmen dabei ab oder auch nicht.

Haben Sie aber die Botschaft hinterfragt? Wissen Sie, weshalb Sie zuviel Gewicht mit sich herumschleppen? Stellen Sie sich einmal folgende Fragen:

- In welchem Bereich mache ich es mir schwer?
- In welcher Hinsicht schleppe ich Ballast herum, etwas, das längst nicht mehr zu mir gehört?

Es kann sein, daß Sie auf Ihre Partnerschaft kommen, Ihren Beruf oder auf eine spezielle Situation in Ihrem Leben und erkennen, daß Sie es sich hier schwermachen.

Sie können so wenig essen wie Sie wollen, selbst wenn Sie abnehmen, hilft Ihnen das nicht auf die Dauer. Denn das ist nicht der Punkt.

Nach der Beachtung der Botschaft sollten Sie sich weiter hinterfragen, die Botschaft hinter der Botschaft erkennen. Es hat nie einen Sinn, nur das Symptom zu beseitigen, nicht mehr zu rauchen oder weniger zu essen. Damit ist Ihr Problem nicht gelöst. Deshalb nehmen Sie auch wieder zu, sobald Sie die Diät aufgeben, oder Sie verschieben das Symptom auf eine andere Ebene. Solange Sie nur auf das Symptom losgehen, werden Sie keinen Durchbruch erleben, keinen wirklichen positiven Erfolg haben.

Hinterfragen Sie sich so lange, bis Sie zur eigentlichen Ursache kommen. Denn oft ist zuviel Körpergewicht nicht nur ein Zeichen dafür, daß Sie es sich schwermachen, sondern auch ein Hinweis darauf, daß Sie innerlich leer sind, Ihr Leben unerfüllt ist. Das Unterbewußtsein versteht von dieser ganzen Botschaft nur soviel: »Innen ist es leer, stopfe also noch etwas hinein.«

Es sendet somit über den unstillbaren Hunger ein Signal, und wer nicht weiter hinschaut, stopft demzufolge Nahrungsmittel in sich hinein und wird immer runder. Doch die innere Leere bleibt bestehen. Das Leben ist weiter unerfüllt. Keine Diät wird je Abhilfe schaffen.

Auch hier ist der einzig richtige Weg das Hinterfragen.

- Was fehlt mir in meinem Leben?
- Wo fehlt es mir an Erfüllung?
- Wie kann ich mich erfüllen?

Nach dem Erkennen muß die Ursache aufgelöst werden. Vielleicht haben Sie den falschen Beruf, den falschen Partner, vielleicht verhalten Sie sich falsch oder haben den Sinn Ihres Lebens noch nicht erkannt.

Es gibt viele Gründe für innere Leere, für Unerfülltsein. Vielleicht haben Sie einfach - wie sehr viele Menschen - ein unstillbares Verlangen nach Beachtung und Zärtlichkeit.

Es könnte sein, daß Sie sogar einen Mann haben, der Sie achtet, beachtet, sehr zärtlich und aufmerksam ist, der Ihnen morgens, bevor er ins Büro fährt, Zettelchen hinlegt, Blumen und Pralinen mitbringt, Sie ins Kino und Theater einlädt und Ihnen neue Kleider kauft.

Doch wenn Sie sich selbst etwas verweigern, können Sie es letztlich auch von einem anderen nicht annehmen und genießen. Somit fallen alle Gaben des Partners ins Leere und das Verlangen nach Erfüllung bleibt.

Wenn Sie das hinterfragen, gelangen Sie letztlich zur wahren Ursache, z.B.: Ich achte mich zuwenig. Ich lebe mich nicht selbst.

Deswegen können Aufmerksamkeiten von anderen immer nur Ersatzbefriedigung sein. Die Lösung heißt hier, sich selbst zu lieben. Eigenliebe zu entwickeln, ein zärtliches Gefühl der Achtung sich selbst gegenüber zu haben. Plötzlich brauchen Sie keinen

Ersatz mehr in sich hineinzustopfen, sich nicht mehr hinter Ihrer Fülle zu verstecken. Sie lieben, würdigen sich nun selbst, können sich frei machen, anderen gegenüber öffnen und die Liebenswürdigkeiten, die sie Ihnen entgegenbringen, genießen. Doch Sie sind nicht mehr abhängig davon. Auch mit sich und durch sich allein sind Sie von Liebe erfüllt und strahlen diese Zufriedenheit, dieses Glück aus.

Erst dadurch werden Sie fähig, andere wirklich zu lieben.

Das Wesentlichste ist also, die Botschaft zu beachten, sie zu hinterfragen, den Mangel zu erkennen und zu beseitigen. Nur so erlangen Sie Freiheit. Das ist zu TUN und nicht blindlings etwas zu unternehmen, um schnellstmöglich das Symptom zu beseitigen.

Wenn Sie dessen fähig werden, sind Sie immer bei sich. Die Ursache liegt nie im Außen, nie beim anderen! Die Ursache liegt immer nur in Ihnen. Dann sind Sie auch beim eigentlichen Sinn Ihres Lebens angekommen: Sie selbst sind Ihre Hauptaufgabe.

Sie werden durch alle Botschaften, alle Ereignisse und Vorkommnisse, durch Ihren Ärger, Ihr Zu-dick-sein, Ihr Rauchen, Ihre Partnerschaftsschwierigkeiten, Ihr Unvermögen zu sich selbst zu stehen, Ihre beruflichen Probleme und wirtschaftlichen Nöte immer wieder auf einen Mangel in sich selbst hingewiesen. Es ist eine Aufforderung und Chance zugleich, diesen Mangel zu beseitigen.

Was ist zu tun? Da sind die Botschaften, die Ereignisse, die Sie längst drängen. Die Lektion steht auf dem Lehrplan des Lebens, ist überfällig.

Wenn Sie diesen Bereich beachtet haben, können Sie Ihr Augenmerk, Ihr Bewußtsein auf den nächsten lenken: Was wollen

Sie tun? Wenn Sie der laufenden Lektion folgen, können Sie auch auf Ihre Wünsche achten.

- Was möchte ich gern in meinem Leben anders haben?
- Was würde mir mehr Freude bereiten?
- Wie würde ich größere Erfüllung finden?

So kommen Sie vom Müssen zum Wollen, zum Wünschen. Was wollen Sie tun? Das wäre der nächste Schritt.

Dann werden sich natürlich Hindernisse in den Weg stellen. Es wird nicht immer reibungslos gehen. Somit müssen Sie erkennen:

- Welche Hindernisse sind da?
- Was stört, blockiert mich, das Richtige zu tun, und wie löse ich es auf?

Einmal war eine Dame in einem Seminar, die angab, ihre Eltern seien ihr Hindernis, sie stünden ihr dadurch im Weg, daß sie zuviel von ihr verlangten.

Ihre Eltern erwarteten, daß sie viel Zeit mit ihnen verbrachte, so daß die Tochter glaubte, für sich selbst zuwenig zu haben.

Aber auch in dieser Geschichte war es klar, daß es die freie Entscheidung der Tochter war, wieviel Zeit sie mit ihren Eltern verlebte. Sie mußte sie nie mehr besuchen, sie konnte auch wieder ganz zu ihnen ziehen oder irgendwelche Zwischenstufen wählen. Sie konnte jeden Tag zu ihnen gehen oder zweimal in der Woche oder anrufen oder noch etwas anderes. Das war allein ihre Entscheidung. Das konnten ihre Eltern in Wirklichkeit nicht bestimmen.

Ihre Eltern erwarteten, daß sie viel Zeit mit ihnen verbrachte, was ihr gutes Recht war. Sie mochten ihre Tochter, es war ein

Kompliment an sie. Aber die Erwartung der Eltern - dort war der Denkfehler - nahm ihr keine Zeit weg. Die Erwartung der Eltern kostete sie keine Sekunde ihres Lebens. Wieweit sie der Erwartungshaltung entsprechen wollte, das kostete sie Zeit. Und das war ihre eigene Entscheidung, nicht die der Eltern.

Wenn wir die Dinge ein bißchen distanzierter, bewußter, achtsamer betrachten, erkennen wir, wo Richtiges in Falsches übergeht. Richtig war, daß die Eltern es erwarteten. Falsch war, daß sie der Tochter damit Zeit wegnahmen, denn ab diesem Punkt begann ihre eigene freie Entscheidung. Sie konnte sagen, wann und wie oft sie die Eltern sehen wollte.

Auch hier beginnt wieder ein kritischer Punkt wirksam zu werden. Nach welchem Maßstab sollte sie jetzt messen? Was war genug? Reichte es zweimal die Woche, genügte vielleicht sogar nur einmal? Oder war es richtig, nur dann hinzugehen, wenn es für sie selbst richtig stimmte und sie sich darauf von Herzen freute? Wie oft war es der Tochter ein Bedürfnis, die Eltern zu besuchen?

Da beginnt oft wieder die Vergewaltigung. Viele sagen: »Sie sind alt, und man weiß nicht, wie lange man seine Eltern noch hat. Sie sind halt so allein. Sie freuen sich immer, und ich will ihnen nicht die Freude ihres Alters nehmen. Ich habe zwar keine Zeit, aber das kann ich ihnen nicht antun.«

Man kommt über viele Argumente zum »Ich muß es tun«. Doch man tut es halbherzig, aus einem Pflichtgefühl heraus, und das ist sehr schlimm. Denn die anderen spüren das immer, auch wenn es ihnen nicht bewußt ist.

Wann immer Sie so etwas tun, vergewaltigen Sie sich selbst. Und genau an diesem Punkt müßten Sie sich für sich entscheiden. Sie sind nicht auf der Erde, um die Erwartungen anderer Menschen zu erfüllen, weder die Ihrer Eltern noch die Ihres Partners noch die Ihrer Kinder. Alle Menschen werden immer wieder Erwartungen an Sie haben, und das ist ihr gutes Recht.

Die anderen dürfen von Ihnen erwarten, was sie wollen. Die Eltern können erwarten, daß Sie ständig bei ihnen sind. Der Partner kann erwarten, daß Sie sich nur noch um ihn kümmern. Die Kinder können erwarten, daß Sie den ganzen Tag mit ihnen spielen. Obwohl der Tag nur einmal da ist, hätten Sie ihn gleich dreimal zu vergeben. Das dürfen die anderen alles erwarten. Es ist auch das gute Recht der anderen, egoistisch zu sein. Doch Sie sind dazu aufgefordert, das Richtige zu tun. Denn Sie sind nicht auf der Welt, um sich aufzuopfern für andere, um die Erwartung anderer zu erfüllen, damit diese nicht enttäuscht sind.

Wann immer Sie jemanden enttäuschen, haben Sie gerade eine Täuschung beendet. Der andere hat in einer Täuschung gelebt, und Sie haben ihn in die Welt der Wirklichkeit zurückgeholt. Sie haben ihn enttäuscht. Wann immer ein Mensch Sie enttäuscht, müßten Sie ihm um den Hals fallen und ihm dankbar sein, daß er das getan hat, daß er Ihnen dieses Geschenk gemacht hat - das Ende der Täuschung.

Die Tochter erzählte weiter, daß bei ihr zudem Gewichtsprobleme vorhanden wären. Da ihre Eltern eine Bäckerei hatten, ergaben sich für sie verheerende Auswirkungen. Die Eltern waren immer sehr verzweifelt, wenn sie von den schönen Sachen nichts essen wollte.

Die Tochter selbst wollte statt dessen viel lieber ein Buch bei sich zu Hause lesen. Doch sie kam aus dem Kreis ihrer Schuldgefühle nicht heraus. Sie dachte sich, wenn sie ein Buch lesen würde, dann würden ihre Eltern auf sie warten und sie das Lesen somit gar nicht genießen können.

Es kristallisierte sich zudem heraus, daß die Tochter das Heim ihrer Eltern immer noch als »Zuhause« bezeichnete, obwohl sie selbst ein eigenes, offenbar wunderschönes Zuhause hatte.

Das alte Zuhause war in ihrem Bewußtsein noch immer ein stärkeres Zuhause als ihr jetziges.

Sie mußte die Energie dieser verschiedenen Heimstätten prüfen und sich bewußtmachen, wo sie sich richtig zu Hause fühlte. Wo sie sich auch in Zukunft zu Hause fühlen wollte. Denn sie ging noch immer in zwei verschiedene Richtungen und hatte sich von ihren Eltern, ihrer Kindheit und Jugend noch nicht richtig abgenabelt. Sie hing noch zu stark der Vergangenheit an und übernahm zuwenig Verantwortung für sich selbst und ihr eigenes Leben. Sie mußte lernen, das Heim ihrer Eltern als liebevolle Erinnerung zu sehen und ihre eigene Wohnung als Zuhause anzuerkennen. Sie erklärte abschließend selbst, daß sie noch viel zu oft bei den Eltern sei, daß sie jetzt am besten eine Zeitlang nicht mehr hingehe, um nachher das Bedürfnis wachsen lassen zu können.

Es ist in vielen Situationen wichtig, eine liebevolle aber bestimmte Form der Abnabelung zu finden, um uns aus den Erwartungen und Wünschen anderer zu lösen. Das Liebevolle ist deshalb wichtig, weil so die Liebe und Würde gewahrt werden können. Manchmal ist es im Leben notwendig, einem Menschen zu vermitteln, daß wir ihn lieben, jetzt aber dennoch nicht mehr mit ihm zusammenleben können, sondern unser eigenes, unabhängiges Leben führen müssen.

Vermutlich wissen viele gar nicht, wie oft sie Lust haben, ihre Eltern zu besuchen. Weil die Eltern es viel öfter verlangen, als es für sie stimmt, sind sie noch gar nie dahinter gekommen, wie oft sie es möchten.

Das gibt es sehr oft in Partnerschaften. Vorwiegend in der Sexualität. Da ist der eine Teil aktiver und erwartet vom anderen, daß er mitmacht. Der andere tut das vielfach auch, schließlich ist man ja verheiratet oder lebt zusammen. Aber durch diese Haltung kennt der passivere Teil seine sexuellen Bedürfnisse nicht, zumindest was die Quantität anbelangt. Er denkt höchstens: Am liebsten gar nicht mehr. Er läßt sich vom anderen chronisch überfordern und gibt sich selbst keine Gelegenheit, seinen eigenen Bedürfnissen auf den Grund zu gehen.

In all diesen Dingen müssen Sie sich fragen, warum Sie so etwas zulassen. Warum Sie sich den Willen eines anderen Menschen aufzwingen lassen. Weil man Ihnen eingeredet hat, es sei egoistisch, an sich selbst zu denken?

Was immer Sie sich haben einreden lassen, Ihre Hauptaufgabe IST es, an sich selbst zu denken. Ihre Hauptaufgabe hier IST es, Sie selbst zu sein, als Sie selbst zu stimmen. Dazu sind Sie hergekommen. Um sich selbst zu erfüllen und aus dieser Erfüllung und Freude heraus die Erde mit ihren Bewohnern zu erfreuen. Auf ganz natürliche Weise. Weil Sie gelernt haben, Sie selbst zu sein, stimmig zu sein, sich selbst zu achten und zu lieben. Dann, und erst dann, sind Sie fähig, ein glückliches, erfülltes Leben zu leben und Glück, Freude und Liebe auszuströmen.

Die Angst vor Veränderung ist ein wesentlicher Faktor, sich dies zu verweigern. Heute morgen hatten wir ein interessantes Erlebnis beim Frühstück. Ich habe wie immer Früchte gegessen. Einige Pfirsiche hatten durch die Wärme faule Stellen. Ich habe die Stellen herausgeschnitten, wollte die Pfirsiche aufmachen, der Kern saß aber noch ganz fest. Im Inneren waren die Früchte nicht reif. Das war für uns auch eine Botschaft. Wir haben sie uns bewußtgemacht: Hier wurde eine Frucht geerntet, bevor sie reif war. Die Frucht ist in einen Kühlraum gekommen, doch die Unterbrechung des Reifungsprozesses hat die Frucht nicht daran gehindert, faul zu werden. Die Pfirsiche waren nicht reif und trotzdem faul.

Wenn Sie diesen natürlichen Reifungsprozeß verweigern, tun Sie weder sich selbst noch einem anderen einen Gefallen. Der andere ist höchstens oberflächlich zufrieden. Aber es tut weder ihm noch Ihnen gut. Es stoppt seine Entwicklung und Ihre. Beide sind

Sie dann wie Früchte im Kühlhaus. Sie erstarren miteinander in der Gewohnheit. Keiner ist erfüllt und keiner entwickelt sich.

Irgendeiner muß einmal aus dem Kühlraum heraustreten, muß wieder ins Leben zurückkommen, muß die Dinge wieder lebendig werden lassen und das tun, was stimmt.

Am schönsten und harmonischsten ist es, wenn die Notwendigkeit mit der besten Lösung zusammenfällt. Und ich glaube, daß es in jeder Situation eine solche Ideallösung gibt. Es kann jedoch niemals ideal sein, die Erwartungen eines anderen zu erfüllen, um ihm eine Enttäuschung zu ersparen, ihn also weiter in der Täuschung zu lassen und sich dabei zu vergewaltigen. Dann sind beide betrogen. Wenn Sie mit den Augen der Wirklichkeit hinschauen, müssen Sie diese Dinge in Ihrem Leben beenden.

Finden Sie das Stimmige in sich, und tun Sie das, was für Sie stimmt. Hören Sie auf, sich einzureden, das sei egoistisch. Es ist für alle schädlich, wenn Sie die Erwartungen anderer erfüllen, wenn das der einzige Grund für ein bestimmtes Verhalten ist. Das heißt nicht, daß Sie nicht die Erwartungen eines anderen erfüllen dürfen, wenn es stimmt, wenn Sie damit einverstanden sind, wenn es auch Ihnen Erfüllung bringt. Es ist wunderschön, wenn sich die Bedürfnisse von Menschen treffen.

Aber das Erfüllen von Erwartungen darf nicht der Maßstab sein. Sie sind Ihre Hauptaufgabe und stehen an allererster Stelle.

Mir wurde schon die Frage gestellt, ob ich, wenn ich mich auf ein Seminar vorbereite und feststelle, daß es an diesem Wochenende für mich nicht richtig stimmt, das Seminar zu halten, dieses trotzdem abhalten, der Pflicht nachkommen oder es absagen würde.

Die Frage beinhaltete nur zwei Alternativen. Die richtige wurde vergessen. Ich habe noch nie ein Seminar abgesagt, wenigstens nicht aus Gründen, die bei mir lagen. Wenn ich spüre, ich bin nicht stimmig, dann ist dies die Aufgabe. Die Seminarbesucher können nichts dafür. Sie haben sich entschlossen, zu kommen und den Seminarpreis bezahlt. Sie haben Ihre Fahrkarte gekauft oder schon geplant, wie Sie hinkommen. Das Hotelzimmer ist bereits reserviert. Ich würde dies alles stören, wenn ich mich dazu entschließen würde, das Seminar nicht abzuhalten, weil ich vermeintlich gerade nicht stimme. Das wäre wirklich egoistisch.

Die einzige Lösung ist für mich die, zu erkennen, daß es höchste Zeit ist, stimmig zu werden. Ich bin den Teilnehmern auch dankbar, daß sie mich durch den festgelegten Termin, durch das Thema veranlassen, wieder ins Stimmigsein zu kommen.

Das ist keine Pflicht für mich, sondern ein Geschenk, denn ich werde praktisch vom Terminkalender oder von der Vorstellung, daß Menschen kommen, darauf aufmerksam gemacht, daß ich jetzt stimmen muß.

Auch ich stimme mehrmals am Tag nicht. Aber das ist gerade das Geschenk, daß ich von den Umständen darauf aufmerksam gemacht werde, so daß ich mir die Frage stellen muß, warum ich nicht stimme. So kann ich es zum Anlaß nehmen, bin dem anderen dankbar, daß er mich praktisch zwingt, wieder ins Tao - ins Stimmigsein - zurückzukehren.

Allein schon die Freude, die ich von anderen, von Seminarteilnehmern spüre, die sich auf das Seminar freuen, erleichtert das Stimmigsein, die Feineinstellung restlos zum Positiven zu korrigieren.

Wenn ich mir Seminare anschaue, gibt es darin mehrmals Augenblicke, oftmals längere Zeiten, in denen es richtig knistert vor stimmiger Atmosphäre. Dann kommen jedoch wieder einige Erwartungen und Gedanken, die Teilnehmer kommen wieder ins Wissen, ins Tun und es kracht demzufolge wieder ein bißchen, wird unstimmig.

Das ist die Aufforderung, ins Stimmigsein zurückzukehren. Dafür zu sorgen, daß im Seminar nicht nur Teil-nehmer sind, die sich zufrieden zurücklehnen und sagen: »So, ich habe meine Gebühr bezahlt. Jetzt erleuchten Sie mich mal.« Sondern daß wir erkennen, wir sind auch Teil-geber. Wir sind Teile des Seminars. Ein einzelner kann gegen eine Gruppe nichts ausrichten. Jeder trägt seinen Teil dazu bei. Und wenn jemand nur Erwartungen hat, die er erfüllt haben möchte, ist das sehr einseitig.

Es ist immer ein Fluß. Alles ist ein Geben und Nehmen. Jede Frage gehört dazu. Selbst wenn Sie ganz still auf Ihrem Platz sitzen, gehört es dazu, daß Sie sagen: »Wenn ich schon da bin, dann sollte ich auch stimmen. Dann möchte ich auch die anderen ganz bewußt annehmen und im Einklang sein. Dann ist es gut und stimmig, ganz da zu sein.«

Wir haben schon gesagt, daß wir nicht nur auf die Botschaften achten, die das Leben uns ständig auf vielen Ebenen sendet, und dort tun, was zu tun ist. Ebenso wichtig ist das Erkennen, daß wir auch ein Recht haben, auf unsere Wünsche zu achten. Daß es nicht unsere Aufgabe ist, immer die Erwartungen und Wünsche anderer zu erfüllen, sondern nur dann, wenn es auch für uns stimmt. Unser Auftrag ist es, stimmig durchs Leben zu gehen.

Wenn es in diesem Bereich Hindernisse gibt - Hindernisse sind der fehlende Mut oder die mangelnde Einsicht -wird Sie das Leben immer wieder schmerzhaft darauf aufmerksam machen. Sie werden zu Ihren Eltern gehen und damit nicht einverstanden sein. Oder Sie nehmen eine Einladung zu einer Party an und ärgern sich schon vorher, dahin zu müssen. Wenn Sie dann dort sind, versuchen Sie so schnell wie möglich wieder wegzukommen. Die Gastgeberin fragt: »Sie wollen doch nicht schon gehen? Hat es Ihnen nicht gefallen?« Und Sie hören sich säuseln: »Nein, es war wieder ganz entzückend. Aber wir müssen leider, leider schon weg.«

Auf dem Nachhauseweg fragen Sie vielleicht Ihren Partner, warum Sie denn bloß wieder dort hingegangen seien, das hätten Sie sich wirklich ersparen können. »Na ja«, sagt der Partner, »nächsten Freitag müssen wir sie dann zum Gegenbesuch einladen. Dann zeigen wir ihnen auch die Urlaubsdias und revanchieren uns dafür.«

So spielen wir ein Spiel, indem wir uns ständig wehtun, uns etwas zumuten, was wir gar nicht möchten. Wir vergewaltigen uns, leben ein Leben, das den Erwartungen der anderen entspricht. Weshalb?

Davon sollten wir uns befreien. Das sollten wir loslassen und endlich lernen, das Leben zu leben, das zu uns gehört. Wir sollten lernen, Hindernisse auf diesem Weg zu erkennen und aufzulösen.

Sorgen Sie dafür, daß es stimmt. Das ist der einzige Maßstab:

- Stimmt es, daß ich zu dieser Verabredung gehe?
- Stimmt es, daß ich meine Eltern heute besuche?
- Stimmt es, daß ich das denke, sage, tue?

Eines der Hindernisse auf dem Weg ist die Angst, die Angst vor Veränderung. Was werden Ihre Eltern sagen? Sind sie danach enttäuscht, machen sie Ihnen Vorwürfe? Vielleicht sagen sie gar nichts, was noch schlimmer wäre. Sie würden die stille Anklage, das Leiden spüren und fühlten sich dafür verantwortlich, schuldig.

Und genau das geschieht bei uns auch. Wir unterbrechen einmal mehr unseren Reifungsprozeß aus Angst vor Veränderungen oder vor Konsequenzen, die auf uns zukommen würden. Aus Angst vor dem Unbekannten unterbrechen wir unseren natürlichen Reifungsprozeß. Doch das ändert nichts daran, daß sich der innere Prozeß weitervollzieht. Nur die Reifung wird unterbrochen, und wir leben wie im Kühlhaus.

Prüfen Sie einmal, in welchen Bereichen Sie Angst vor Veränderungen haben. Wo sind die Hindernisse und wo wissen Sie eigentlich ganz genau und schon lange, daß Sie endlich Konsequenzen ziehen müßten, aber...

Jetzt ist es Zeit, dieser Angst auf den Grund zu gehen. Was befürchten Sie, wenn Sie nur noch so oft Ihre Eltern besuchen, wie es Ihnen ein Bedürfnis ist? Was befürchten Sie, wenn Sie Ihre Partnerschaft, Ihren beruflichen Bereich, Ihr Leben klären und Konsequenzen ziehen?

Immer wieder haben wir Schuldgefühle, wenn wir etwas nicht getan haben. Wenn wir nicht mehr rauchen wollten und es doch wieder getan haben, wenn wir schlank werden wollten und doch wieder nicht widerstehen konnten, dieses und jenes zu essen. Immer fühlen wir uns danach zutiefst schuldig. Wenn wir uns etwas vorgenommen haben, was wir als richtig erkannt haben, und es nicht tun, entwickeln die meisten Menschen Schuldgefühle. Das sind, so glaube ich, die sinnlosesten Gefühle, die es überhaupt geben kann.

Wenn Sie sich bewußt machen, erkennen können, daß etwas nicht optimal gewesen ist, sind Sie schon einen großen Schritt vorwärtsgekommen. Seien Sie geduldig mit sich selbst. Leben Sie aus der Erkenntnis heraus, nichts falsch machen zu können. Es gibt keine Fehler. Wenn Sie etwas tun und es als falsch erkennen, dann war dieses falsche Tun offensichtlich notwendig, um Sie zu dieser Erkenntnis zu führen. Dann war es nicht falsch, daß es geschehen ist, dann war es richtig, daß das Falsche geschehen ist, damit Sie zu einer richtigen Erkenntnis kommen.

Sollten Sie das Falsche wiederholen, macht es Sie darauf aufmerksam, daß Sie die neue, bessere Gewohnheit noch nicht verankert haben. Dies fordert Sie wieder zu neuem Tun auf, z.B. mit mentalem Vorauserleben eine neue, stimmige Gewohnheit zu schaffen.

Dies tun Sie so lange, bis Sie irgendwann gar keine Gewohnheiten mehr brauchen, sondern aus dem richtigen Bewußtsein heraus, aus dem Tao, dem Sein heraus, in jedem Augenblick das Richtige, Stimmige tun. Das wäre der Weg, den ich Ihnen natürlich am liebsten nahebringen möchte, weil er Sie zwingt, zu sich zu kommen, bei sich und achtsam zu sein, Sie selbst und damit stimmig zu sein, Achtung vor sich selbst zu haben, sich so richtig in sich wohlzufühlen.

Gehen wir nochmals zu der Schuld zurück. Was ist eine Schuld? Wenn Sie Schuldgefühle haben, muß es eine Schuld geben. Das Gefühl ist nur ein Hinweis auf die Ursache - die Schuld. Was müßten Sie tun, um eine Schuld auf sich zu laden?

Eine Schuld ist immer eine Vorstellung. Nur ein Gott, der absolut vollkommen ist, könnte gegen seine Vollkommenheit verstoßen und eine Schuld auf sich laden. Aber wenn er das tun würde, wäre er nicht mehr vollkommen. Dann wäre das schon wieder ein notwendiger Schritt, der ihm sagen würde: »Lieber Gott, Du bist gerade nicht im göttlichen Bewußtsein. Du bist gerade dabei, eine Schuld auf Dich zu laden.« Die Schuld wäre wieder ein notwendiger Lernschritt und keine Schuld.

Es gibt keine Schuld. Schuld ist ein Begriff, den uns die Kirche eingeredet hat, den uns die Umwelt, die Mitmenschen versuchen einzureden.

Bei Konflikten in der Partnerschaft suchen wir immer einen Schuldigen. Wir haben uns früh darin geübt. Schon im Kindergarten hieß es: »Das hast du falsch gemacht, deshalb bist du schuld daran.« Wir spielen immer wieder neu und in allen Bereichen des Lebens das Du-Spiel.

Doch wenn wir richtig hinschauen, erkennen wir, daß es keine Schuld gibt. Schon vom Wort her ergibt sich kein Sinn. Es gibt nur jemanden, der für etwas verantwortlich ist. Die Verantwortung für unser Tun und Lassen müssen wir tragen, ob es uns paßt oder nicht. Jeder ist für sich selbst verantwortlich, keiner kann sich dem entziehen. Das kann Schicksal genannt werden. Das ist die Verantwortung. Aber eine Schuld existiert nicht.

Schuldgefühle beinhalten meistens das Gefühl, etwas falsch gemacht zu haben. Besonders schwerwiegend sind solche Gefühle, wenn sich der Fehler zwischen einem Menschen, der inzwischen gestorben ist, und uns abgespielt hat. Wir haben eine scheinbar nicht wieder gutzumachende Schuld auf uns geladen. Das sind die härtesten Schuldgefühle. Doch es ist nur eine Vorstellung des Verstandes, nicht etwas, das wirklich existiert. Es gibt keine Schuld und schon gar keine nicht wiedergutzumachende.

In der Kirche gibt es die Todsünden. Das ist absoluter Unsinn. Das ist ausschließlich ein Machtinstrument, um eine Gemeinschaft im Griff zu behalten. Schuld an sich, vom Inhalt her, ist nicht existent.

Wenn Sie wissen, daß es keine Schuld gibt, sind Schuldgefühle gegenstandslos, da sie keinen Bezug zur Realität haben, sondern nur zu einer Vorstellung. Schuldgefühle sind Spielereien im Verstand, welche unter Umständen sogar vom Wesentlichen ablenken. Ein Mensch, der eigenverantwortlich lebt und denkt, hat keinen Grund, Schuldgefühle zu entwickeln.

Sie können sich so falsch verhalten, wie Sie wollen, es ist nicht falsch. Sie fühlen sich höchstens etwas weniger wohl dabei. Doch was wollen Sie Falsches tun? Sie können z.B. einem anderen nie etwas antun, es sei denn, er ist dafür resonanzfähig, was wieder in seiner Verantwortung liegt. Wenn er nicht resonanzfähig ist, können Sie es ihm nicht antun, es ist unmöglich. Selbst sich können Sie nur das antun, wozu Sie die Bereitschaft haben, was für Sie notwendig ist; sonst geht auch das nicht. Bevor Sie etwas tun können, müssen Sie es denken können. Nachdem Sie es gedacht haben, müssen Sie es wollen. Nachdem Sie es gewollt haben, müssen Sie es tun. D.h., solange es noch in Ihnen ist, ist eine Resonanzfähigkeit da, die Sie das denken, wollen und tun läßt. Damit ist es eine Notwendigkeit, Sie auf einen Mangel aufmerksam zu machen. Es ist notwendig, daß Sie diesen Mangel erkennen, diesen Lernschritt, diese Entwicklung vollziehen.

Menschen tun sich ständig etwas Falsches an. Sie ernähren sich verkehrt. Sie ernähren sich gedankenlos. Heute wissen wir durch die Werbung, daß Fruchtjoghurt etwas Gesundes ist. Er besteht aus Eiweiß, Früchte sind sowieso gesund, und schmecken tut es auch noch gut. Man bekommt ihn überall, er ist frisch, wurde ganz sauber hergestellt in blitzblanken Hallen, in ebensolchen Kesseln, und er wurde in Milchkühlwagen schonend transportiert. Das ist wirklich noch etwas Gesundes in der heutigen Zeit. Es ist ja schwierig, etwas Gesundes zu bekommen.

Was wir uns mit Fruchtjoghurt antun, kann Ihnen jeder Ernährungsfachmann sagen. Früchte sind tatsächlich sehr gesund, und wir sollten sehr viel mehr Früchte essen. Aber Früchte müssen separat gegessen werden. Es darf einer Frucht nichts hinzugefügt werden. Denn eine Frucht verläßt den Magen normalerweise nach zwanzig bis dreißig Minuten. Bananen brauchen eine Dreiviertelstunde, Feigen zwei Stunden. Aber eine normale frische Frucht, die wir essen, ist in einer halben Stunde aus dem Magen heraus und im Darm. Wunderbar, deswegen fühlen wir uns so leicht und gut, wenn wir Früchte essen.

Verbinden wir diese Frucht nun mit Joghurt. Joghurt ist Eiweiß. Eiweiß ist das Schwerstverdauliche für den Körper. Es liegt stundenlang im Magen. Wenn wir Frucht mit Eiweiß verbinden, dann hält dieses Eiweiß die Frucht solange fest, bis das Eiweiß verdaut ist. Das kann sechs bis acht Stunden dauern, normalerweise jedoch nur vier Stunden. Dieses leicht Verdauliche wird in Verbindung mit Eiweiß festgehalten, obwohl es längst verdaut wäre, und geht in dieser Zeit in Gärung über. Und damit diese Gärung beschleunigt wird, fügen wir dem Ganzen Zucker hinzu. Fruchtjoghurt ist gezuckert. Das erhöht den Säurespiegel, verstärkt die Gärung und läßt Fuselalkohol entstehen, der die Sinne benebelt. Das ist dann das Gesunde, das wir uns angetan haben. Wir wundern uns, daß es uns nicht bekommt.

Gleichzeitig aber begünstigt diese gärende Mischung eine falsche Darmflora. Unser Problem ist, daß wir die falschen Bakterien im Darm haben.

Zudem haben wir auch die falschen Därme für den Fleischverzehr. Unser Darm ist vorgesehen für Früchte und Obst. Gräser und Salate brauchen den längsten Darm von etwa 30 Metern, wie z.B. Schafe ihn haben. Fleischfresser, etwa Löwen, haben einen kurzen Darm von 9 Metern, um die Nahrung schnell wieder ausscheiden zu können.

Der Mensch hat einen mittellangen Darm, also geeignet für Obst, aber nicht unbedingt für Salat und Rohkost. Das können auch viele, obwohl es gesund ist, nicht vertragen. Wir sollten uns einmal bewußt machen, wofür unser Verdauungssystem eigentlich angelegt ist.

Als wir genetisch programmiert wurden, in einem überschaubaren Zeitraum zu Neandertaler - Zeiten, war die Erde ein tropisches Paradies. Die Ernährung war einfach. Man ging von einem Baum zum anderen und pflückte sich etwas ab oder las es vom Boden auf. Damals fand man also irgendwo einen Früchtebaum und aß sich satt. Trennkost war ganz natürlich, man aß sich an einer einzigen Sache satt.

Man ging nicht von Baum zu Baum und stopfte alles mögliche durcheinander in sich hinein. Zwischendurch erlegte man auch kein Tier. Der Nachtisch und Alkohol waren nicht bekannt. Diese Mischungen fielen weg, mit denen wir noch heute nicht zurechtkommen. Wir schaffen uns viele Probleme durch falsche

Ernährung, von der wir denken, daß sie richtig sei. Ganz davon abgesehen, daß wir alle viel zuviel Eiweiß essen, was schwer verdaulich ist und auch wieder krank macht.

Wir bekommen von der Wissenschaft genau das Gegenteil gesagt: »Im Alter braucht man mehr Eiweiß.« Genau das brauchen wir eben nicht. Es tut dem Körper gar nicht gut.

Probieren Sie es aus, und essen Sie einmal statt der empfohlenen 70, 80 oder 100 nur 30 Gramm Eiweiß. Es wird Ihnen dabei sehr viel besser gehen.

Um all das brauchen Sie sich aber nicht zu kümmern, wenn Sie Früchte essen, weil Sie damit ein biologisch ausgewogenes Verhältnis haben. Sie führen sich ausreichend Mineralstoffe, Vitamine und Eiweiß zu, wenn Sie Früchte und auch Nüsse essen.

Auch in der Ernährung machen wir vieles falsch. Wir wollen zwar oft das Richtige, tun aber trotzdem das Falsche und erschaffen uns dadurch neue Probleme.

Um auch hier vom Wissen zum Tun zu kommen, erinnere ich Sie nochmals an die wichtigsten Ernährungsregeln und die Problemlösungstechnik; denn alle Probleme, die wir haben, sind selbstgemacht. Das Leben schafft keine Probleme. Das Leben stellt nur Aufgaben. Wir machen unter Umständen ein Problem daraus. Manchen Patienten möchte man tatsächlich, wenn sie in die Praxis kommen, und man sich alles angehört hat, sagen: »Sie haben kein Problem. Sie sind ein Problem.«

ZUSAMMENFASSUNG

Schauen wir noch einmal genau hin, ob auf dem Weg vom Wissen zum Tun noch andere Schwierigkeiten auf uns warten. Wenn wir vom Wissen zum Tun kommen wollen, dürfen wir nicht zu schnell vorgehen. Wir müssen unserer Sache wirklich sicher sein. Wir unterteilen das Wissen in zwei Bereiche, in das negative und das positive Wissen. Beim negativen Wissen sind wir uns nun bewußt geworden, daß wir es in positives umändern wollen. Fast jeder weiß, was er in diesem oder jenem Bereich nicht mehr will. Wir wollen das Negativdenken »verlernen«.

Der zweite Schritt ist, sich das positive Wissen bewußtzumachen. Herauszufinden, was wir an Positivem wollen. Der nächste Schritt ist, beim positiven Wollen genau hinzufühlen, ob das Erwünschte auch stimmig ist, auch wirklich zu uns gehört.

Wenn Sie etwas wollen und zugleich wissen, daß es in Wirklichkeit nicht richtig für Sie ist, sollten Sie es lassen. Überspringen Sie nie den wichtigen Schritt der Abklärung, ob ein Wunsch wirklich mit Ihnen übereinstimmt, in Ordnung, in Einklang mit Ihrem wahren Selbst ist. Dann kommen Sie sehr schnell zu der Erkenntnis: Ich möchte es, weiß aber, daß es für mich nicht gut wäre. Somit muß ich mich entscheiden. Ich habe erkannt, daß das, was ich will, nicht für mich stimmt. Tue ich es mir nun trotzdem an oder handle ich vernünftig und tue das, was stimmt, was zu mir selbst gehört? Bin ich fähig, zu handeln als ich selbst?

Manchmal können Menschen das Stimmige nicht erkennen. Sie wissen, daß sie so nicht mehr weitermachen möchten, wissen aber nicht, wie es richtig wäre.

Viele Patienten kommen in die Praxis und fragen: »Was müssen wir tun?« Wenn wir ihnen die richtige Antwort geben, leuchten die

Augen: »Ja, das müßte ich tun.« Aber sie tun es trotzdem nicht und kommen lieber in zwei Wochen noch einmal.

Manchen konnte ich den Zusammenhang aufzeigen und sagen: »Das Problem kommt daher, weil Sie das machen. Lassen Sie das weg oder handeln Sie ab jetzt so, dann geschieht unweigerlich das, was Sie haben wollen.« Ich war richtig stolz auf mich, daß ich wieder einmal mit klarem Durchblick ein Problem erkannt hatte. Der andere war aber scheinbar gar nicht zufrieden und sagte: »Ja, ich muß wirklich einmal eine Lösung für mein Problem finden.« Ich antwortete: »Moment«, ich dachte, ich hätte mich unklar ausgedrückt und habe meine Empfehlung wiederholt, »sehen Sie, das ist Ihre Situation, wie Sie sagen, und da wollen Sie hin. Das ist die Strecke, der Weg und das sind die Schritte. Wenn Sie den ersten, zweiten und den dritten Schritt gehen, kommen Sie an Ihr Ziel.« »Ja«, sagte der Patient, »ich muß aus der Situation herauskommen. Ich kann es nicht mehr aushalten. Ich muß da irgendeine Lösung finden.«

Der Patient will nicht ans Ziel, will nicht einmal hingetragen werden. Er hatte sein Problem längst erkannt. Ich erzählte ihm nichts Neues, deshalb war er auch gar nicht überrascht.

Auch Sie wissen, was richtig ist, wie aber überlisten Sie sich, daß Sie es endlich tun? Die einzige Technik, die es gibt, ist, es endlich zu tun. Es gibt nichts anderes.

Wie es so schön heißt: Es gibt nichts Gutes, es sei denn, man tut es.

Also müssen Sie anfangen, das Richtige zu tun, bis es Gewohnheit geworden ist, bis Sie aus dem Sein heraus keine Gewohnheiten mehr brauchen, kein Richtig oder Falsch mehr kennen, sondern das tun, was stimmt.

Wenn wir, wie ich Ihnen noch erklären werde, im Tao, aus dem Stimmigsein heraus leben, können wir alle Dinge wie Ernährung, Probleme, Umwelt, Partnerschaft, Eltern und soll ich - soll ich nicht, vergessen. Aber erst dann, wenn wir im Sein sind. Wenn wir nur über das Sein Bescheid wissen, nützt uns das gar nichts. Wir werden nämlich laufend weiter mit den Problemen konfrontiert. Deswegen müssen wir auch diesen Weg gehen können.

Manchmal ergibt sich vielleicht die Schwierigkeit, daß Sie wissen, was Sie nicht mehr wollen, jedoch keine Ahnung davon haben, was Sie wollen.

Aber es gibt Menschen, die wollen nicht mehr jede Woche von Montag bis Freitag an der Drehbank stehen. Die Frage ist jedoch, warum sie nicht mehr da hin wollen. Warum stinkt ihnen das? Weil sie dann immer das tun müssen, was der Meister ihnen hinlegt? Weil sie Überstunden machen müssen, wenn sie eigentlich lieber Feierabend hätten? Oder weil es immer das Gleiche ist, so langweilig ist, ihnen auf den Geist geht? Es ist wichtig, zu erkennen, was man davon ablehnt. Nicht mehr an die Drehbank zu wollen, reicht nicht für eine positive Veränderung.

Wenn jemand sagt, er habe Schwierigkeiten mit seiner Schwiegermutter, ist auch das zuwenig. Was macht ihm Schwierigkeiten an dieser Beziehung? Wenn er dahinter schaut, kann er erkennen, was es ist, und erst dann kann klar die Frage nach dem Neuen, Positiven gestellt werden.

Es ist wohl nirgends leichter als in diesem Bereich, wenn Sie z.B. nicht mehr jeden Tag an der Drehbank stehen wollen, weil Sie das nicht erfüllt, zu fragen: »Was würde mich denn erfüllen? Was würde mir Freude machen? Wie könnte eine Tätigkeit aussehen, auf die ich mich freuen würde, sie tun zu dürfen?«

Wenn Sie immer noch keinen Hinweis haben, können Sie von Ihren Hobbys ausgehen. Was macht Ihnen Spaß im Leben? So wie Sie im Detail analysieren mußten, was Sie genau nicht mehr wollen, so müssen Sie nun im Detail analysieren, was Ihnen im Leben Freude macht.

Selbst wenn jemand am liebsten zwölf Stunden am Tag fernsieht, kann er etwas damit verdienen. Daraus kann er einen Beruf machen, indem er z.B. Cutter wird. Dann hat er den ganzen Tag - mit Überstunden auch zwölf Stunden - fernzusehen. Oder er kann Fernsehkritiker werden, die Bonbons für jemanden heraussuchen und kilometerlang Videos und Filme anschauen, um das herauszusuchen, was jemand braucht. Man kann alles tun und zu seinem Beruf machen, wenn man weiß, was genau man will.

Fragen Sie sich deshalb:

- Das will ich nicht, weil...
- Am liebsten würde ich..., weil...

Dann können Sie suchen, wo es so etwas gibt und wie es aussieht.

Das ergibt wieder zwei Möglichkeiten. Entweder es gibt eine solche Stelle bereits oder es gibt sie nicht oder nicht in Ihrer Umgebung. Dann fragen Sie sich, wie Sie sich Ihren Arbeitsplatz schaffen können. Eventuell machen Sie sich selbständig in dieser Branche.

Auch Sie kommen um eine exakte Analyse nicht herum. Außer Sie befinden sich nicht mehr im Tun, sondern sind schon im Sein.

Wenn Sie Sie sind, brauchen Sie nur darauf zu achten, daß Sie in diesem Augenblick das tun, was in diesem Augenblick jetzt getan werden muß, um diesen Augenblick jetzt zu erfüllen.

Ihre Vergangenheit interessiert Sie dort nicht. Wie Ihre Zukunft aussieht, spielt keine Rolle. Wichtig ist einzig und allein, daß Sie jetzt stimmen und jetzt und jetzt und jetzt. Keine Technik, keine Analyse, keine Problemlösungen, nichts mehr, nur noch stimmig sein in diesem Augenblick.

Es ist wichtig, daß Sie erreichen, aus diesem inneren Stimmigsein im Einklang mit sich selbst zu leben. Ihrer eigenen Vision zu folgen, zu erkennen, wie Sie gemeint sind, so zu leben, daß Sie Achtung vor sich haben, daß Sie selbst stimmig sind. Dazu wäre es gut, Bilanz zu ziehen, um zu sehen, welche Energien es sind, die gerade in Ihrem Leben am intensivsten wirken, die Vorrang haben.

Dazu haben wir eine Bilanz, die Sie am besten sofort ausfüllen, damit Sie darauf aufbauen können. Und zwar tragen Sie in der Spalte 1 ein, wie sehr Sie sich bisher auf die verschiedenen Bereiche eingelassen haben. Wir bewerten das mit 0 - 10 Punkten. 10 Punkte würde bedeuten: Sie haben sich sehr intensiv auf diese Sache eingelassen. In der ersten Zeile ist die berufliche Situation aufgeführt. Wie sehr haben Sie sich bisher darauf eingelassen? Welche Rolle spielt der Beruf in Ihrem Leben? Sie bewerten dies mit 0 - 10. 0 heißt gar keine und 10 höchste Intensität. Ist der Beruf wichtig in Ihrem Leben?

Weiter haben wir eine Zeile: Beziehung, Partnerschaft. Wie sehr haben Sie sich auf diesen Bereich eingelassen?

Dann folgen: Kreativer Selbstausdruck, Körper, Gesundheit, Wohnsituation usw.

Bewerten Sie, wie intensiv Sie sich auf die verschiedenen Lebensbereiche bis jetzt eingelassen haben.

Zum Schluß können Sie noch andere für Sie wichtige Bereiche anführen. Machen Sie sich bewußt, was alles in Ihrem Leben eine Rolle spielt.

Es ist ganz interessant, sich bewußtzumachen, wie die Gewichtungen sind. Wo liegt die höchste Intensität? Auf welchen Bereich haben Sie sich bisher wenig oder gar nicht eingelassen?

In der zweiten Spalte machen Sie sich bewußt, wieviel Erfüllung Ihnen dieser Bereich bisher gebracht hat. Da werden Sie sicher Überraschungen erleben, wenn Sie ehrlich antworten. Sie bewerten wieder mit 0 - 10.

DIE BILANZ MEINES LEBENS	1	2	3
Meine berufliche Situation:			
Beziehung, Partnerschaft, Sexualität:			
Kreativer Selbstausdruck, Berufung, was mir wirklich Freude macht:			
Geld, Finanzen:			
Körper, Gesundheit:			
Wohnsituation:			
Familiäre Situation:			
Persönliches Wachstum, Spiritualität:			
Andere wichtige Bereiche:			

Sie werden Bereiche finden, von denen Sie glaubten, daß sie sehr viel Erfüllung gebracht hätten. Wenn Sie ehrlich hinschauen, erkennen Sie jedoch, daß es weniger ist, als Sie meinten. In anderen Bereichen, in denen Sie es gar nicht bemerkt haben, liegt unter Umständen viel mehr Erfüllung. Es ist also sehr wichtig, daß Sie sich das einmal bewußt machen.

Mich hat das Ergebnis dieses Testes seinerzeit sehr überrascht. Besonders natürlich die dritte Spalte. Wieviel Sehnsucht, wieviel offene Wünsche liegen in diesem Bereich. Was erhoffen Sie sich noch? Wie intensiv ist Ihr Wunsch, Ihre Sehnsucht? Wieder bewerten Sie mit 0 - 10.

Ich habe auch schon jemanden gesehen, der hatte in der dritten Spalte in jedem Bereich eine 10 hingeschrieben. Er hatte in jedem Bereich noch alle Sehnsucht offen. Auch das kann es geben.

Die höchsten Zahlen in der dritten Spalte zeigen, wo jetzt etwas zu tun ist. Dort liegt unerfülltes Potential, das darauf wartet, gelebt zu werden, das endlich an der Reihe sein möchte.

In welchem Bereich haben Sie eine hohe Punktzahl, sehen aber dennoch keinen Weg, Erfüllung darin zu erlangen? Alle diese Fragen sind zu beantworten.

Wichtig ist, wieviel Potential Sie hinten aufgeführt haben. Im Idealfall wären in der dritten Spalte lauter Nullen. Sie haben die Erfüllung gefunden. Sie sind auf Ihrem Weg. Wünsche und Sehnsucht - Null. Das wird aber so gut wie nicht vorkommen. Dann wäre das Leben beendet. Also zeigt Ihnen die dritte Spalte, wo das Potential liegt, das darauf wartet, endlich in Erscheinung treten zu dürfen. In welchem Bereich möchten Sie sich mehr entfalten, mehr zu sich finden, mehr Sie selbst sein? Da müssen Sie sich jetzt ganz ehrlich die Hindernisse bewußt machen, damit Sie diese auflösen können.

In einem Seminar war eine Dame, die hatte in der dritten Spalte eine 10 aufgeführt. Sie hatte Ihren Partner verloren und fühlte sich nun in der Lage, einen neuen Partner zu finden. Doch gleichzeitig hatte sie auch Angst davor.

Da waren zwei entgegengesetzte Energien wirksam. Das ist bei sehr vielen Menschen der Fall. Sie möchten etwas, aber... Es gibt in ihrem Inneren ein Aber. Wenn das Aber gleich stark ist wie der Wunsch, dann hebt sich die Energie auf, und es geschieht nichts. Der Wunsch bleibt bestehen, das Aber ebenfalls.

Was ist zu tun? Sie müssen in einer solchen Situation eins von beiden auflösen. Entweder lösen Sie Ihren Wunsch auf und erkennen, daß Sie die Verwirklichung gar nicht wollen und das Aber stärker ist, oder Sie lösen das Aber in der Erkenntnis auf, daß Ihr Wunsch stärker ist.

Wenn Sie das Aber auflösen wollen, müssen Sie sich bewußtmachen, woraus dieses Aber besteht. Es können auch mehrere Abers sein. Schreiben Sie alle Abers auf, und lösen Sie sie eines nach dem anderen auf.

Erst dann sind Sie frei. Erst dann kann die Energie wirken. Solange zwei Energien gegeneinanderstehen, geschieht nichts.

Wenn Sie dem Ober sagen: »Bringen Sie mir bitte ein Bier oder besser doch nicht«, passiert nichts, außer daß der Ober verwirrt ist. Genauso ist es beim Leben. Wenn Sie ständig zwei entgegengesetzte Befehle geben, passiert gar nichts. Sie wundern sich, weil Sie doch eine so starke Sehnsucht haben, und unterschätzen Ihr ebenso starkes Aber. Etwas davon sollten Sie auflösen.

Wenn jemand auf dem Weg ist, ist er ewig auf dem Weg. Ein Sucher sucht ewig, sonst wäre er kein Sucher mehr. Wir müssen den Schritt tun vom Suchen zum Finden. Der Sucher sucht, der Finder findet. Machen Sie sich bewußt, ein Finder zu sein!

Sagen Sie sich nicht, Sie seien auf dem Weg und würden irgendwann ans Ziel kommen. Irgendwann ist nie.

Ihr Bild ist JETZT. Das Ziel ist JETZT. Sie sind der Schöpfer. Sie können alles haben. Dieses Glück, diese Erfüllung, dieses Haus, dieses Auto und alles, was Ihnen wichtig ist. Das ist jetzt, wenn Sie es glauben können. Können Sie es glauben? Glauben Sie es, damit es geschehen kann!

DAS SEIN

Eine Frage, die immer wieder auftaucht, ist diejenige nach dem Karma. Ob wir die Ursachen, die wir einst gesetzt haben, ausbaden müssen.

Viele Menschen sind überaus karmagläubig, fast schon karmasüchtig. Sie sagen: »Ja, ich habe irgendwann dieses Karma auf mich geladen. Nun muß ich es geduldig ertragen, bis ich es erfüllt habe.« Wenn ich christlich erzogen worden bin, sage ich: »Die Wege des Herrn sind wunderbar.«

Karma ist ein Sanskrit-Wort und bedeutet die Tat, das Geschaffene. Auch wenn Sie etwas in Jahrtausenden geschaffen haben, können Sie sich in jedem Augenblick von diesem Karma lösen. Denn Karma ist nur an ein Ich gebunden. Karma gibt es nur, solange es das Ich gibt. In dem Augenblick, in dem Sie zu sich selbst erwachen, gibt es kein Karma mehr. Das Selbst hat kein Karma und hatte nie eines. Das Selbst war nie krank. Das Selbst war nie unglücklich. Es ist eine Frage der Identifikation.

Schauen Sie sich einmal die zwei Ebenen an. Das wäre der nächste Schritt. Wenn Sie vom Wissen zum Tun gekommen sind, müssen Sie sich entscheiden, ob Sie hier stehenbleiben oder noch einen weiteren Schritt tun wollen. Den Schritt vom Tun zum Sein.

Es gibt die Ebene des Ichs, der Außenwelt, der Dualität. Dort gibt es Probleme, Karma, Krankheit, Leid, Wünsche, Hoffnungen, bewußte und unbewußte Bilder, Prägungen. Da sind Sie Spielfigur, reagieren auf den anderen und werden bewegt. Hier müssen Sie intelligent, fleißig und beharrlich sein. Hier müssen Sie etwas tun, denn dies ist die Ebene des Tuns!

Auf der anderen Seite gibt es die Ebene des Seins, die innere Welt. Da sind Sie der Meister, der die Umstände schafft; Leben im Tao. Über die Intuition erkennen Sie, was ist. Hier spielen Sie bewußt das Spiel des Lebens.

Stellen Sie sich die beiden Ebenen wie eine Acht vor. Auf der unteren Ebene, der Ebene der äußeren Welt, der Sinneswahrnehmung, der Dualität, der Ebene von Ursache und Wirkung, gibt es Probleme, Krankheit, Leid, Wünsche, Hoffnung, Karma. Da sind Sie Spielfigur. Dies ist die Ebene des Tuns.

Auf der anderen Ebene, der inneren Ebene, erkennen Sie sich als einen vollkommenen Ausdruck der Einen Kraft. Dies ist die Ebene des Seins.

Zwischen diesen beiden Ebenen der Acht liegt ein kleiner Engpaß. Er befindet sich dort, wo sich beide Ebenen berühren, wo der Schnittpunkt der Acht ist. Diesen Engpaß müssen Sie überschreiten. Das ist der Weg vom Ich zum Selbst. Sie können diesen Weg nur überschreiten, indem Sie zuerst einmal an der Engstelle Beobachter werden, indem Sie sich nicht mehr mit dem Ich, das tut, identifizieren, sondern zum Selbst, das ist, hinschauen.

Sie können probeweise in das Selbst hineinschlüpfen - so wie Sie in einer Boutique ein Kleid anprobieren - und schauen, ob Ihnen das Selbst paßt. Sie schlüpfen einmal in das Selbst-Bewußtsein hinein, nehmen Maß und spüren, ob Sie sich wohl fühlen. Hier sind Sie der Beobachter an der Schwelle. Weshalb sollten Sie zurückkehren, wenn Sie sich wohl fühlen? Sie ziehen dieses Kleid nie mehr aus, sondern bleiben in der Identifikation mit dem Selbst.

Erkennen Sie einmal mehr, daß Sie das Selbst sind. Sie können sich einbilden, ein Ich zu sein. Dann bestimmt zwar dieses Ich Ihr Leben, weil Sie ein Schöpfer sind, aber es ist nicht die Wirklichkeit. Wenn Sie einer Vorstellung, einem Ideal folgen, folgen

Sie ebenfalls nicht der Wirklichkeit. Dann lösen Sie nur ein Bild auf und folgen einem anderen. Sie müssen sich entscheiden, ob Sie auf der Ebene der Einbildung bleiben wollen. Wenn Sie dort verharren, sollten Sie wenigstens erwünschte, statt unerwünschte Bilder haben. Sie sollten dann wenigstens ein erwünschtes Leben führen. Trotzdem sind Sie so immer noch nicht in der Wirklichkeit. Dort sind Sie erst, wenn Sie auf die Ebene des Seins gelangt sind und erkennen, daß Sie das Sein sind. Sie sind das Sein, das Bewußtsein, das sich entscheidet, auf welcher Ebene Sie leben. Solange Sie sich jedoch einbilden, ein Ich zu sein, entspricht Ihr Leben dieser Einbildung. Aber es ist nicht die Wirklichkeit. In Wirklichkeit sind Sie Sie selbst. Wer sonst? Sie waren nie etwas anderes.

Wie bei allem sind Sie der Schöpfer. Sie entscheiden, auf welcher Ebene Sie leben. Sie können sich in jedem Augenblick neu entscheiden. Wenn Sie zu weit gegangen sind und etwas schwindlig werden, gehen Sie einen Schritt zurück. Aber wie können Sie Ihre Grenzen kennen, wenn Sie sie nicht überschreiten und sich immer wieder einreden, unten seien die unerwünschten und oben die erwünschten Bilder. So ist es nicht, denn unten sind grundsätzlich die Bilder und oben ist die Wirklichkeit.

Wenn Sie sich entscheiden, die Ebene zu wechseln, gehen Sie nur aus der Bilderwelt, aus der Vorstellung heraus in die Wirklichkeit des Seins. Sie bilden sich nicht mehr ein, so oder so zu sein, denn nun sind Sie ein Ausdruck der Einen Kraft. Das Selbst ist erleuchtet, ist vollkommen, ist unsterblich. Das ist Sein!

Ich möchte Jesus zitieren, weil manche Christen Schwierigkeiten haben mit ihrem Glauben und sagen: »Oh Gott, ist das nicht ein bißchen anmaßend, wenn Sie das so sagen?«

Jesus sagte: »Ihr, die ihr so unvollkommen seid, gebt euren Kindern doch das Beste. Glaubt ihr nicht, daß der himmlische Vater auch euch das Beste gegeben hat?«

Was könnte das Beste sein? Was könnte Gott uns anderes an Bestem gegeben haben als unsere eigene Vollkommenheit? Wir sollten unsere Vollkommenheit annehmen und uns mit nichts Geringerem zufriedengeben. Der Punkt des Scheiterns scheint auch immer wieder die Angst vor der eigenen Vollkommenheit zu sein. Wesentlicher noch als die Angst vor den eigenen Unzulänglichkeiten.

Übernehmen Sie die Verantwortung für sich und Ihre eigene Vollkommenheit!

Es gibt eine Hindulegende, die dies sehr schön darstellt: Gott schuf den Menschen aus Ton, stellte ihn hin, doch er fiel um. Er formte einen neuen Menschen, stellte auch diesen hin, aber auch er fiel immer wieder um. Da ging Gott selbst in diesen Tonmenschen hinein, und somit konnte er stehen. Nichts anderes ist geschehen.

Der Körper, den wir haben, ist der Ton, die Materie, die Form. Aber unser Sein, die Wirklichkeit, das ist Gott. Meister Eckehart, der vielleicht größte Kirchenlehrer, hat im 13. Jahrhundert gesagt: »Wenn ich nicht wäre, wäre Gott nicht Gott. Gott wäre nicht vollkommen, denn ich würde fehlen.« Wenn er nicht rechtzeitig gestorben wäre, hätte man ihn für diese Erkenntnis auf dem Scheiterhaufen verbrannt.

Doch dies ist unsere Situation. Wir müssen erkennen, Teil dieses Einen Bewußtseins zu sein. Das ist die Wirklichkeit. Mit weniger sollten wir uns nicht zufriedengeben. Alles andere ist Einbildung, ist Vorstellung. Es ist keine Selbstüberschätzung oder Selbsterhöhung, denn niemand sollte sein Licht unter den Scheffel stellen. Wir sollten Gott in uns nicht geringer machen als er ist. Er hat uns wirklich das Beste gegeben - sich selbst. Wir sollten ihn als uns oder uns als ihn erkennen.

Jesus hat es noch klarer ausgedrückt. Er hat gesagt: »Ihr alle seid Götter.« Jesus hat auch von Kindern Gottes gesprochen. Ein

Kind ist ein Teil des Vaters, ein Teil der Mutter, hat also das Wesen der Eltern. Und so ist Vollkommenheit unser Wesen. Sie ist unsere natürliche Situation.

Jetzt könnte die Frage auftauchen, woher denn die Unvollkommenheit kommt. Wir verhalten uns doch nicht ganz so vollkommen. Warum geben wir uns nicht vollkommen, wenn wir es doch in Wirklichkeit sind? Warum leben wir es nicht, wenn wir es sind? Warum haben wir uns für das weniger Gute entschieden, wenn wir in Wirklichkeit das Beste sind?

Wir sind uns unser selbst nicht bewußt. Deswegen ist es so wichtig, zu sich selbst zu kommen. Aber wodurch sind wir nicht bewußt?

Das Spiel des Lebens überhaupt besteht darin, sich seiner selbst bewußtzuwerden. Evolution ist ein Werden, ein Auswickeln. Bevor Evolution möglich ist, muß es Involution geben, ein In-sich-gehen. Um das Spiel des Lebens spielen zu können, muß die Eine Kraft, das Eine Bewußtsein, einen Teil dieses Bewußtseins loslassen, unbewußt werden lassen. Sonst ist das Spiel nicht möglich. Denn wenn Sie vollkommen, allwissend, allmächtig, alliebend, allgegenwärtig wären, was gäbe es da noch zu tun? Das Leben hörte auf, einen Sinn zu haben. Es gäbe nichts mehr zu tun, es wäre alles vollkommen.

Wenn diese Welt vollkommen wäre, könnten Sie nicht einmal einen Schluck Wasser aus dem Glas nehmen. Sie dürften es nicht einmal wegnehmen, denn es hätte an seinem vollkommenen Platz gestanden. Sie würden mit Ihrer Handlung die Vollkommenheit stören. Es wäre zudem vollkommen gefüllt, mehr wäre zuviel, weniger wäre zuwenig. Keinen Schluck davon dürften Sie trinken. Das würde erneut Unvollkommenheit bedeuten. Wenn Sie in einer vollkommenen Welt leben würden, könnten Sie nicht leben. Es wäre unmöglich.

Wenn Sie aber Ihre Vollkommenheit, die Sie einst losgelassen haben, erleben wollen, müssen Sie Stück für Stück wieder zu dieser Vollkommenheit erwachen. Dann ist das Spiel des Lebens möglich. Und genau das geschieht.

In der birmesischen Schöpfungsgeschichte heißt es so schön: Am Anfang stand der Wille des EINEN, viele zu sein. Und ER gestattete einem Teil von sich, als viele in Erscheinung zu treten. Wir sind dieser Teil, aus dem viele geworden sind. Und wir sind doch ein Teil des Ganzen.

Es gibt noch immer den unoffenbarten Teil der Einen Kraft - den unbegreiflichen Gott; und es gibt den in Erscheinung getretenen Gott. Doch er ist immer der gleiche Gott. Wir sind es, wir alle.

Gott ist also in die Welt gegangen und hat nicht die Welt geschaffen. Er wurde die Welt. Wir sind ein Teil dieses höchsten Bewußtseins.

Das ist die Wirklichkeit, und damit sollten Sie sich identifizieren. Wenn Sie aus dieser Identifikation heraus leben, wenn Sie es glauben, läßt das Leben die entsprechenden Umstände in Erscheinung treten. Das Leben ist ein treuer Diener. Es verwirklicht die inneren Bilder, das innere Sein. Ihre Lebensumstände sind das Spiegelbild Ihres Bewußtseins. Sie können sie nur ändern, indem Sie Ihr Bewußtsein ändern.

Machen Sie sich also bewußt: Ein jeder ist Schöpfer seines Lebens. Er schafft seine Wirklichkeit selbst. Niemand sonst ist da, der es tun würde. Es gibt nicht irgendwo eine Schicksalverteilungsstelle, die dem einen dieses und dem anderen jenes Schicksal mitgibt. Es ist nicht so, daß der eine eben Glück hat und der andere Pech. Eine unerwünschte Situation läßt sich nur verändern, wenn Sie sich selbst verändern. Diese Schicksalverteilungsstelle ist jeder für sich. Jeder entscheidet in jedem Augenblick, welches Schicksal er sich schafft.

DAS TAO

Alle unsere Probleme sind selbst ausgedacht. Deswegen gibt es dafür auch keine Lösung. Die einzige Lösung ist Leben im Tao, Leben im Sein, in der Wirklichkeit.

Tao wird immer übersetzt mit »der Weg«. Doch Tao ist nicht der Weg, denn Tao braucht keinen Weg. Tao ist das Sein, die Wirklichkeit des Seins, die Essenz, das ICH BIN, ist Gott, oder wie immer Sie es nennen wollen. Tao ist die EINE Kraft, ist Leben aus der Erkenntnis dieser Einen Kraft.

Wenn Sie also wirklich etwas ändern wollen, machen Sie es so wie die Natur. Lesen Sie im Buch der Schöpfung, dann sehen Sie, wie eine Veränderung geschieht. Da ist anfangs ein Samenkorn, etwas, das spürt, daß es in sich eine Pflanze birgt, die werden will. Aber solange dieses Samenkorn an sich festhält, ein Samenkorn bleiben will, kann es kein Werden der Pflanze geben.

Sie müssen sich zunächst in Ihrem So-sein in Frage stellen, loslassen, sich auflösen, nicht sein, formlos und unbeeindruckt werden. Geben Sie sich dann dem Leben hin, so wie der Samen, der in die Erde gegeben wird und dort aufhört, Samen zu sein. Das Saatkorn verschwindet, und eine Pflanze entsteht - wird. Wenn Sie losgelassen haben, wenn Sie nicht mehr an Ihrem So-sein festhalten, wenn Sie zur Veränderung bereit sind, geschieht das Erwachen, die Transformation, die Veränderung zum Wesentlichen.

Dann erst ist Sein möglich. Sobald Sie diesen Schritt getan haben, sind Sie schon jenseits der Schwelle und können den Weg nicht mehr verfehlen. Was aber geschieht, bevor Sie diesen Schritt getan haben? Sie werden sich solange verletzen, bis Sie endlich verstehen und endlich nach dieser Erkenntnis leben.

Fühlen Sie einmal hin, wo Sie sich in Ihrem Leben weh tun. Wo verletzen Sie sich selbst oder lassen Sie zu, daß andere Sie verletzen? Wo ist Ihr Leben nicht so erfüllt, so begeisternd, so voller Freude, wie es sein könnte und sein sollte?

Überall dort stimmt es noch nicht. Dort machen Sie noch etwas falsch. Damit Sie sich nicht länger unnötig Leid zufügen, sollten Sie das ändern. Wie es zu ändern ist, wissen Sie jetzt.

Schauen Sie jedoch nicht mehr durch die Brille des Wissens auf das Leben, sondern schauen Sie aus dem Sein auf das Wissen, auf die Erkenntnis.

Wenn Sie in die Wirklichkeit des Seins zurückkehren und sich die vielen selbstgestrickten Probleme anschauen, die Sie sich angetan haben, bevor Sie ins Sein gekommen sind, bevor Sie zu sich selbst gekommen sind - wie es in der Bibel heißt: Er kam zu sich - , dann sehen Sie, daß Sie sich das Leben unnötig schwer gemacht haben. Ständig haben Sie nach Lösungen gesucht. Und natürlich haben Sie auch nach Lösungen gesucht, wie Sie andere hätten ändern können, daß diese endlich so geworden wären, wie Sie es sich vorgestellt hatten. Sie haben an vielen Orten gesucht, nur dort nicht, wo das Problem lag. Es lag nämlich in Ihnen selbst, in der Enge Ihres Bewußtseins, in Ihrer Angst vor Verlust und Veränderung.

Wir können andere Menschen nicht besitzen. In Wirklichkeit können wir nicht einmal Dinge besitzen. Alles ist uns nur auf Zeit zur Verwaltung übergeben.

Auch eine Partnerschaft ist ein gemeinsamer Weg auf Zeit. Wir können unseren Partner nicht besitzen, also können wir ihn auch nicht verlieren. Solange der andere zu uns gehört, bleiben wir zusammen. Wenn er nicht mehr zu uns gehört, können wir ihn nicht halten. Wir können alles mögliche anstellen, drehen und versuchen, doch wenn es nicht mehr stimmig ist, nützt alles nichts. Wenn eine Sache beendet ist, ist sie vorbei. Es gibt Paare, die bleiben trotzdem zusammen, auch wenn ihre Partnerschaft eigentlich beendet ist, und leben so nebeneinander her.

Gehen Sie einmal mit mir in dieses Bewußtsein des Lebens im Tao. Schauen Sie auf die vielen Probleme, und erkennen Sie jetzt, daß da nie ein Problem war. Deswegen fanden Sie auch keine Lösung. Leben im Tao heißt hinzuschauen und zu erkennen, wie Leben wirklich gedacht ist: Leben in der »Leichtigkeit des Seins«.

Das Leben ist als Freude gedacht, als Spiel. Ein Spiel, das Götter für sich veranstalten. Götter, die in Wirklichkeit Einer sind. Das Eine Bewußtsein, die Eine Kraft, die sich als viele ins Leben begibt, um das Spiel des Lebens zu spielen. Ein Spiel, wie jedes andere Spiel, das man zur Freude spielt. Wann immer Sie sich nicht freuen im Leben oder gar leiden, machen Sie etwas falsch, sind Sie nicht im Tao, sind Sie nicht in der Wirklichkeit des Seins.

Wenn Sie sich wieder einmal nicht freuen, schauen Sie hin, versuchen Sie zu erkennen, was Sie jetzt tun müßten. Wie müßten Sie sein, damit Sie wieder zur Freude finden?

Das ist der Weg. Sie finden das Leben, die Wirklichkeit, das Tao, wenn Sie der Freude folgen.

Die Menschen haben viele Ansichten über das Leben entwickelt. Für den einen ist es eine Pflicht, die erfüllt werden muß. Für den anderen ist es sogar eine Strafe, die man absitzen muß, Karma, das man geduldig ertragen muß, bis es irgendwann vorbei ist. Der eine erlebt sein Leben als ständige Arbeit, für den anderen ist es eine Chance, die man erkennen und ergreifen sollte. Der eine erlebt sein Leben als ständige Geburt, ändert sich dauernd. Für den anderen ist es nur ein langsames Sterben. Der eine macht aus seinem Leben einen Sport, ein ständiges Abenteuer, eine ewige Herausforderung, und der andere erlebt sein Leben vielleicht als Auftrag. Der eine empfindet sein Leben als Berufung und als Chance, ein Kunstwerk daraus zu machen. Ein anderer erlebt das Leben als Schule, in der man ständig lernen muß oder darf, je nach Einstellung.

Und jeder hat recht. Jeder ist ein Schöpfer. Jeder erlebt das Leben, das er erwartet. Das Leben erfüllt unsere Ansicht vom Leben.

Wenn Sie das Leben als Pflicht sehen, dann werden immer wieder Pflichten auf Sie zukommen. Man wird Sie in die Pflicht nehmen. Man wird Sie auf Ihr Pflichtbewußtsein ansprechen. Das Leben wird Ihre Einstellung bestätigen.

Wie Jesus sagte: »Einem jeden geschieht nach seinem Glauben.«

Wenn Sie glauben, das Leben sei ein Abenteuer, dann wird es abenteuerlich sein. Und wenn Sie der Ansicht sind, daß das Leben eine einzige Freude sei, dann ist Ihr Leben eine einzige Freude.

Machen Sie sich bewußt, daß Sie der Schöpfer Ihres Lebens sind. Sie sind eingeladen als Gäste der Schöpfung, diese bewußt mitzugestalten. Sie sind eingeladen, als Meister zu leben und den Augenblick zu erfüllen, zu erkennen, daß Sie nur im Hier und Jetzt leben können. In diesem Augenblick leben Sie. Nicht vorher und auch nicht nachher. Nur jetzt. Sie können sich nur jetzt freuen. Von der Freude vorher haben Sie nichts mehr, und die Freude nachher ist noch nicht da, kommt vielleicht nie.

Wenn Sie erkannt haben, daß Ihre Ansicht über das Leben Ihr Leben bestimmt, Sie aber als Schöpfer Ihre Ansicht bestimmen können, sollten Sie überprüfen, ob Ihre Ansicht vom Leben Ihnen entspricht, ob Sie nicht eine andere Ansicht wünschen, einen anderen Standpunkt einnehmen wollen. Denn jede Ansicht ist richtig. Das Leben wird Ihnen jeden Wunsch erfüllen. Es geschieht das, wovon Sie glauben, daß es geschieht.

Wenn Sie aber das Leben als Spiel erkannt haben, stellt sich die Frage, ob Sie gewinnen wollen. Irgendwie haben Sie es verinnerlicht. Ein Spiel wird gespielt, um zu gewinnen.

Aus dem Tao zu leben bedeutet, zu erkennen, daß, wenn einer in diesem Spiel des Lebens gewinnt und einer dabei verliert, letztlich beide verloren haben. Sie haben sich verfehlt, das Leben, das Sein verfehlt. Sie sind nicht im Tao. Sie sind auf der Ebene der Dualität, wo einer gewinnt und einer verliert. Dort, wo man sich ärgert, wenn man verliert, Zweiter geworden ist.

Wenn Sie Lebensberater sind oder einfach nur als Freund einem anderen helfen, lösen Sie sich aus der Dualität und bleiben im Tao-Bewußtsein. Erkennen Sie, daß eine Lösung nur dann eine Lösung ist, wenn alle Beteiligten gewinnen. Wenn einer verliert, haben Sie etwas falsch gemacht, haben Sie noch nicht die optimale Lösung gefunden.

Beim Spiel des Lebens geht es nicht darum, daß einer gewinnt. Es geht darum, daß sich alle am Spiel erfreuen. Und zu einem Spiel gehört es, nicht arbeiten zu müssen, sondern spielen zu dürfen - voller Freude. Wenn Sie wollen, und ich hoffe, Sie wollen, werden Sie ab sofort in Ihrem Leben keinen einzigen Tag mehr arbeiten.

Denn was ist Arbeit? Arbeit ist etwas, das keine Freude bereitet, das getan werden muß. Alles was Spaß macht, ist keine Arbeit. Also entscheiden Sie sich, indem Sie Arbeit für sich völlig neu definieren, ob Sie jemals wieder arbeiten oder ob Sie das tun, was Ihnen Freude macht. Sie können natürlich noch einen größeren Schritt auf die Weisheit zugehen und das mit Freude tun, was zu tun ist.

Der Mensch hat nicht das, was er will, weil er nicht will, was er hat. Wollte er, was er hat, hätte er, was er will.

Das ist wiederum nur eine Frage der Einstellung. Wenn Sie Ihre Einstellung ändern und alles Tun als Gottesdienst annehmen, als Dienst an der Schöpfung und für die Gemeinschaft, gibt es keine unangenehmen oder angenehmen Tätigkeiten mehr, dann gibt es auch keine Arbeit mehr. Dann gibt es nur noch schöpferisches Tun, spielerisches Tun. Es kommt auch nicht mehr darauf an, ein bestimmtes Ziel zu erreichen. Worin sollte das Ziel auch bestehen? Das einzige Ziel ist die Freude. Es kommt nur darauf an, mit Freude zu spielen.

Und um das Spiel des Lebens wirklich mit Freude spielen zu können, brauchen Sie eine bestimmte Voraussetzung. Sie müssen aufhören, Spielfigur zu sein und anfangen, bewußter Spieler zu werden. Sie kommen so vom Reagieren zum Agieren. Sie bestimmen das Spiel, wenn Sie am Zug sind. Dann wird das Spiel schon sehr viel interessanter. Trotzdem können noch Schwierigkeiten auftreten. Aber was sind Schwierigkeiten? Was nennen Sie in Ihrem Leben eine Schwierigkeit? Wann sagen Sie: »Mein Leben ist schwierig«?

Vielleicht müssen Sie jetzt schon überlegen. In diesem Bewußtsein können Sie nämlich hinschauen und sagen: »Mein Leben war doch voller Schwierigkeiten. Wo sind sie denn alle geblieben?« Aus diesem Bewußtsein heraus können Sie keine erkennen. Nur wenn Sie lange genug nach Schwierigkeiten Ausschau halten, können Sie plötzlich wieder welche sehen. Nur sind Sie dann nicht mehr im Tao. Dann sind Sie wieder in den Schwierigkeiten, in der Dualität, in den Problemen, im Leid. Sie haben Ihren Standort verändert. Sie sind aus dem oberen Teil der Acht wieder in den unteren Teil gegangen, und alle Schwierigkeiten sind somit wieder da. Die Lebenssituation bleibt die gleiche, nur der Standort hat sich geändert. Am einen Ort beinhaltet er Schwierigkeiten, am andern Freude.

Wie ist es denn bei einem Spiel? Wenn Sie dabei ganz leicht gewinnen, immer ohne gleichwertigen Gegner sind, macht das Spiel sehr bald keinen Spaß mehr. Es wird restlos uninteressant.

Wenn Sie aber so richtig gefordert werden und vielleicht schon mit dem Rücken an der Wand stehen, der andere denkt, er hat Sie, dabei hat er Sie nicht - wenn Sie also wirklich in einer schwierigen Situation stecken und einen Ausweg finden (es gibt immer einen Ausweg) - das ist eine spannende Phase des Spiels.

Stellen Sie sich einmal vor, Sie würden diese Einstellung auf das Spiel des Lebens übertragen. Sie spielen das Spiel in diesem Bewußtsein. Die schwierigsten Phasen sind die spannendsten. Wenn Sie nicht weiter wissen, wird es interessant. Und immer sind Sie im geborgenen Bewußtsein, daß Ihnen nicht das Geringste passieren kann. Das ist das Schöne bei diesem Spiel. Was sollte Ihnen denn passieren? Daß Sie Ihren Besitz verlieren? Schaffen Sie sich einen neuen!

Ich habe ein paarmal im Leben alles verloren, wirklich alles. Ich mußte einmal fragen: »Darf ich meine Jacke mitnehmen, oder gehört sie jetzt auch Euch?« Ich habe mein Haus, meinen Autoschlüssel, einfach alles abgegeben und hatte nichts mehr. Ich fand das unwahrscheinlich interessant. Ich fand es so schön, daß ich es später, als es nicht mehr passierte, imitiert habe. Mit 100 DM in der Tasche habe ich mich ins Auto gesetzt, bin in eine fremde Stadt gefahren und habe ein neues Leben begonnen. Niemanden, den ich kannte, hatte ich angerufen, sondern noch einmal ganz bei Null angefangen. Es war ein spannendes Abenteuer.

Ich habe diese Erfahrung zweimal gemacht. In beiden Fällen habe ich die 100 DM nicht einmal angebrochen. Wenn man das einmal getan hat, muß man aufpassen. Sie sind schnell weg. Man brauchte damals nur in ein Hotel zu gehen, nur einmal zu essen, dann waren sie weg. Heute kann man kaum noch ein Hotelzimmer damit bezahlen. Also mußte man anders damit umgehen, wirklich in dieses Abenteuer hineingehen.

Ich bin in die fremde Stadt gefahren und habe mich von meiner inneren Stimme, von der Intuition führen lassen: »Jetzt muß ich links abbiegen, vorn die zweite Straße rechts und dann die erste Straße wieder links. So, jetzt bin ich da.« Die Straße hörte auf. Da war ein kleiner Platz, und ich wußte, daß ich jetzt hier wohne. Also bin ich in den Milchladen hineingegangen und habe gefragt: »Entschuldigung, ich suche hier ein Zimmer. Wo gibt es eines?« Der Milchmann antwortete: »Hier werden Sie kein Glück haben. Die Leute kenne ich alle seit zwanzig Jahren. Hier vermietet keiner.« Ich sagte: »Doch, ich weiß, daß ich hier wohne.« »Ja«, sagte er, »ich weiß es wirklich nicht. Gehen Sie doch einmal - wenn überhaupt - nach drüben zu der Frau in der ersten Etage. Sie hat eine große Wohnung. Der Mann ist vor zwei Jahren gestorben. Ich glaube nicht, daß sie etwas vermietet, aber sonst weiß ich hier niemanden.« Ich bin zu der Dame gegangen und habe gefragt, doch sie hat mir dieselbe Antwort gegeben, daß sie nicht vermiete und auch niemanden kenne, der das tun würde.

Wenn Sie in der inneren Gewißheit sind, ein Gewinner zu sein, der vor einer Aufgabe steht, zu der es eine Lösung gibt, bleiben Sie dran. Und weil eben auch ich hartnäckig war, hat es sich die Frau überlegt und gesagt: »Versuchen Sie es bei den Leuten gegenüber in der dritten Etage. Sie haben vor einem halben Jahr ihren Sohn verloren. Das Zimmer ist somit frei, aber sie werden es kaum vermieten. Dazu stehen sie noch viel zu sehr unter Schock.«

Ich bin hingegangen. Es kam ein leidgeprüfter Mann an die Tür, den ich fragte, ob er ein Zimmer vermieten könnte. »Nein«, sagte er, »wir vermieten nicht, tut mir leid.« Ich habe ihn gefragt, ob er mir nicht helfen könnte, ob er nicht wisse, wer hier ein Zimmer vermieten würde. Nein, er könne mir nicht helfen und sich auch nicht vorstellen, daß hier in der Nähe...

Hinter ihm stand seine Frau. Sie guckte um ihn herum und mich an. Als ich gerade gehen wollte, nachdem ich fünfmal meine Frage wiederholt, und er fünfmal nein gesagt hatte, sagte die Frau: »Kommen Sie doch einmal herein.«

Eine halbe Stunde später war ich der verlorene Sohn. Ich hatte das Zimmer. Ich hatte seine Anzüge. Ich bekam die Bratkartoffeln, die sie für ihn gemacht hätte, und ich war zu Hause. Jetzt brauchte ich nur noch eine Stelle.

Deshalb habe ich den Mann gefragt, ob er wisse, wo ich eine Stelle bekommen könnte. Vielleicht könnte er mir helfen, sagte er, denn ein Freund von ihm sei Personalchef bei einer großen Firma. »Gehen Sie einmal hin. Und wenn er Schwierigkeiten macht, dann sagen Sie ihm einen schönen Gruß vom Georg, und er möchte sich ein bißchen Mühe geben.«

Ich bin am gleichen Abend, nachdem ich die Bratkartoffeln gegessen hatte, nur zwei Straßen weiter zu diesem Personalchef gegangen und habe ihn nach einer Stelle gefragt. Es hat ihm leid getan, daß er mir nicht helfen konnte, denn er war seit einem halben Jahr pensioniert. »Das weiß der Georg wahrscheinlich nicht, müßte es aber wissen. Ich habe auf die Einstellungen gar keinen Einfluß mehr.« Doch dann bestellte ich ihm den besagten Gruß vom Georg, worauf er am nächsten Morgen seinen Nachfolger angerufen hat. Um 10 Uhr hatte ich dort einen Termin, und am nächsten Tag habe ich meine Arbeitsstelle angetreten. Meine 100 DM habe ich nicht gebraucht.

Das ist die Einstellung, die ich meine. Wenn Sie diese innere Gewißheit haben, daß das Leben für jede Aufgabe, die es Ihnen stellt, auch die richtige Lösung hat, können Sie sich entspannen. Wenn der andere nein sagt, hat er vielleicht noch nicht alles bedacht, und Sie sollten noch ein bißchen dranbleiben, um zum Ziel zu kommen. Wenn es dieser jedoch wirklich nicht sein sollte, ist es eben der nächste, der Ihnen die Lösung übermittelt.

Wenn Sie in dieser Einstellung leben, sieht das Leben von diesem Augenblick an ganz anders aus. Plötzlich gibt es keine Probleme mehr. Es gibt nur noch Aufgaben. Das sind die interessanten Phasen Ihres Spiels. Und in diesen interessanten Phasen ist es schwieriger, die Lösung zu erkennen. Aber sie IST da, und Sie haben dies auch ständig im Bewußtsein.

Auch wenn Sie nicht mit dem ersten Schritt ans Ziel kommen, so kommen Sie doch mit ein paar Schritten dahin, wo Sie sein wollen, wo sich die Lösung ergibt. Das ist die Ebene, von der ich sprach, die Ebene des Seins, wo alle Probleme verschwinden, weil Sie keine Lösungen mehr brauchen, weil es keine Probleme mehr gibt. Sie brauchen auch keine Antworten, denn die Fragen verschwinden. Sie sind im Sein. Sie haben nichts anderes zu tun, als diesen Augenblick zu erfüllen, jetzt, und sich jetzt wohlzufühlen, jetzt in der Freude zu sein. Was könnte da noch passieren?

Stellen Sie sich vor, Sie gehen in dieser Einstellung zurück an Ihren Platz, in Ihr Leben und halten diese Einstellung.

Wie können Sie in diesem Bewußtsein bleiben, damit Sie nie mehr vergessen, daß das Leben ein Spiel ist, daß es nur spielerische Aufgaben bereithält und selbstverständlich immer eine Lösung da ist, die nur darauf wartet, von Ihnen erkannt zu werden?

Indem Sie z.B. den Weg der Meditation wählen und sich an sich selbst erinnern, sich immer wieder bewußt machen, wer Sie sind. Es braucht nicht immer wieder eine ganz lange Meditation zu sein, eine Stille-Minute zwischendurch genügt, um Sie zu sich selbst zurückzubringen. Machen Sie es sich zur Gewohnheit, jede Stunde einmal eine Stille-Minute einzulegen. Fragen Sie sich alle Stunde, wer Sie gerade sind. Sind Sie noch im Sein oder schon wieder in den Verstand und ins Tun gerutscht? Haben Sie schon wieder Probleme und suchen nach Lösungen? Haben Sie Fragen und brauchen deshalb Antworten? Stimmen Sie noch?

So können Sie immer wieder neu Ihre Haltung korrigieren, Ihr Bewußtsein ausrichten, sich wieder als Teil der Einen Kraft erkennen, die das Spiel des Lebens spielt. Dann können Sie weiterspielen, dann sind Sie wieder in der Liebe.

Sie können sich immer mehr Erinnerungen an sich selbst schaffen. Machen Sie sich jedesmal, wenn das Telefon klingelt, zuerst bewußt, daß Sie Sie selbst, zu Hause sind. Richten Sie Ihr Bewußtsein aus, bevor Sie den Hörer abnehmen.

Als weitere Unterstützung können Sie jedesmal, wenn Sie eine neue Arbeit beginnen, auch wenn die vorhergehende nur fünf Minuten gedauert hat, sich kurz an sich selbst erinnern. So beginnen Sie jede neue Tätigkeit wieder als Sie selbst.

Stehen Sie am Morgen nur noch als Sie selbst auf, nie mehr als jemand anderer. Beginnen Sie einen Tag nie mehr, ohne Sie selbst zu sein. Machen Sie sich jeden Morgen nach dem Aufwachen ein paar Minuten bewußt:

- Wer erwacht jetzt in diesem Moment?
- Wer ist es, der in einen neuen Tag geht?
- Was heißt es, in einen neuen Tag zu gehen?

Gehen Sie als Sie selbst, als ICH BIN, in die Leichtigkeit des Seins. Spielen Sie als Sie selbst das Spiel des Lebens. Wieder wartet eine neue Spielrunde auf Sie mit neuen Möglichkeiten, neuen Gegebenheiten, neuen Spielzügen. Sie sind eingeladen von der Schöpfung, an diesem Spiel aktiv teilzunehmen als Spieler.

Jeden Abend blicken Sie ebenso auf den Tag zurück:

- Wann war ich heute ich selbst?
- Wann bin ich herausgerutscht?

Entwickeln Sie keine Schuldgefühle. Lächeln Sie, freuen Sie sich, und erkennen Sie, daß Sie dieses und jenes noch besser machen können. Üben Sie es durch mentales Vorauserleben. Bereiten Sie sich so auf den nächsten Tag vor und schlafen Sie als Sie selbst ein. Gott legt seinen Körper zur Ruhe. Seien Sie in diesem höchsten Bewußtsein.

Lassen Sie auf diese Weise ein Leben im Tao entstehen. Auch wenn Sie immer wieder einmal herausfallen, tut es nichts zur Sache. Erkennen und korrigieren Sie es, und bringen Sie sich wieder ins Sein.

Für mich selbst habe ich ein besonderes Training gefunden: Meine Seminare; die Vorbereitung der Seminare und ihre Durchführung. Sie merken ganz genau, wann ich im Tao bin, und wann ich wieder einmal in eine Sachfrage rutsche, mit dem Verstand überlege: »Soll ich erst das machen? Sollen wir die Blätter jetzt oder nachher verteilen?«

Es ist wie mit der Meisterschaft. Meister wird man nicht irgendwann und bleibt es dann für immer. Meister muß man in jedem Augenblick neu sein. Sie können in jedem Augenblick wieder herausfallen, können wieder in den Verstand gehen oder ins Tun, ins Überlegen, unterliegen erneut Gefühlen und Einstellungen. Schon ist die Meisterschaft eine Erinnerung, und Sie müssen sich wieder in das Bewußtsein, in das ICH BIN zurückführen. So können Sie das ganze Spiel des Lebens als eine ständige Erinnerung an sich selbst nehmen, um in diesem Tao-Bewußtsein zu bleiben, um bewußt das Spiel zu spielen.

Dann beklagen Sie sich nicht mehr über Karma, denn Sie sind es, der das Schicksal bestimmt. Sie sind es, der das Schicksal gestaltet. Sie können jederzeit den Rucksack des Karma ganz ausziehen, denn im Sein, im Tao gibt es kein Karma.

Machen Sie sich ganz klar bewußt: Nur ein Ich hat Karma. Nur ein Ich hat Schicksal. Das Selbst ist frei von diesem Unsinn. Das Selbst lebt bewußt im Hier und Jetzt. Und hier und jetzt gibt es keine Vergangenheit. Es gibt auch keine Zukunft. Da es keine Vergangenheit gibt, gibt es auch kein Karma, keine Ursachen, die Sie gesetzt haben. Jetzt ist jetzt. Ihr Leben entspricht Ihrem Bewußtsein jetzt. Dann sind Sie frei von Schicksal. Das ist Ihre Entscheidung.

Aber Sie können natürlich auch im Spiel des Lebens sagen: »Mir macht es Freude, mein Schicksal zu gestalten. Ich setze bewußt Ursachen und erlebe bewußt Wirkungen. Ich finde das wunderbar. Das gehört mit zum Spiel des Lebens. Ich bin der Schöpfer meines Lebens. Ich denke mir aus, was ich einmal erreichen möchte, lasse meine Fantasie spielen, verursache das Erwünschte und erreiche es auch.« Das können Sie tun. Es ist nichts falsch daran.

Genausogut können Sie anschließend wieder aus dem Tun heraus- und ins Tao hineingehen und sich dort ausruhen. Es gibt keine Schwierigkeiten mehr, keine Spannungen, keinen Streß, keine Arbeit, keine Krankheit, keine Botschaften. Es gibt nur noch das Sein.

Diesen Zustand des Seins ganz reinzuhalten, ist nur einem Heiligen möglich, einem Vollkommenen, einem Gott. Wir selbst werden diesen Zustand immer wieder für ein paar Sekunden, ein paar Minuten erreichen. Vielleicht können wir ihn sogar ein paar Stunden halten, werden danach aber wieder mehr oder weniger herausfallen, um uns wieder hineinzuführen. Das ist das Spiel.

Dann aber, wenn Sie so weit sind, sind Sie längst jenseits der Schwelle. Dann können Sie den Weg nicht mehr verfehlen. Sie sind immer wieder im Tao. Jetzt kann nichts mehr passieren.

Sie können sich auch immer wieder daran erinnern, daß Ihr Glück nicht abhängig ist von irgendwelchen Umständen. Fast alle Menschen haben die Vorstellungen, glücklich zu sein, wenn...

Das kleine Kind beginnt schon damit, daß es sagt: »Wenn ich einmal in den Kindergarten darf, den ganzen Tag mit anderen Kindern zusammen spielen kann, dann bin ich glücklich.«

Wenn es dann im Kindergarten ist, träumt es: »Wenn ich groß bin, gehe ich zur Schule. Dann bin ich glücklich und richtig groß.«

Wenn das Kind ein paar Jahre lang groß genug war und in die Schule gegangen ist, sagt es: »Wenn ich endlich die doofe Schule hinter mir habe, dann bin ich glücklich.«

Eines Tages hat es auch die Schule und das Gymnasium hinter sich, hat sein Abitur und findet: »Na gut, die Lehre ist auch noch nicht das wahre Honiglecken. Wenn ich erst einmal die Lehre hinter mir habe, dann bin ich glücklich.«

Dann hat es die Lehre hinter sich und sagt: »Wenn ich jetzt noch beruflichen Erfolg habe, dann bin ich glücklich.«

Eines Tages hat dieser Mensch beruflichen Erfolg. Er ist noch immer nicht glücklich, denkt aber: »Wenn ich jetzt noch einen Partner habe, der mich liebt, mit dem ich meinen Erfolg teilen kann, dann bin ich wirklich glücklich.«

Er findet den Partner und sagt zusammen mit ihm: »Wenn wir jetzt noch ein Kind haben, etwas, das uns verbindet, das aus unserer Liebe entsteht, dann sind wir wirklich glücklich.«

Sie haben das Kind. Die Wohnung wird zu klein. Die Nachbarn beschweren sich wegen des Lärms, und sie denken: »Wenn wir jetzt noch ein eigenes Häuschen hätten, so daß wir nicht dauernd Rücksicht nehmen müßten und das Kind sich frei bewegen könnte, dann wären wir glücklich.«

Eines Tages ist auch das Häuschen Realität geworden und sie sagen: »Wenn jetzt noch die Kinder groß sind und etwas Ordentliches aus ihnen geworden ist, dann sind wir glücklich.«

Dann sind die Kinder groß, sind etwas Ordentliches geworden, und man sagt sich: »Wenn wir jetzt noch das Häuschen bezahlt haben, so daß wir den Rücken frei haben und keine Verpflichtungen mehr, dann sind wir glücklich.«

Eines Tages, nachdem wieder ein paar Jahre ins Land gezogen

sind, ist auch das Häuschen bezahlt. Die Kinder sind aus dem Haus. Es ist still geworden. Glücklich sind die Menschen immer noch nicht, nur alt. Das Leben ist fast vorbei. Sie haben ein Leben lang darauf gewartet, sich endlich gestatten zu können, glücklich zu sein. Sie haben immer darauf gewartet, daß irgendeine Voraussetzung erfüllt ist, damit sie glücklich sein können.

Im Tao erkennt man die Albernheit dieses Spiels und ist »grundlos« glücklich. Glück, das noch irgendeines Umstandes, eines Grundes bedarf, ist kein Glück, ist nämlich abhängig von diesem Umstand. Wenn wir diesen Umstand nicht mehr haben, sind wir wieder unglücklich.

Das wahre Glück ist das Glück des Seins. Zu wissen, wer Sie sind. Zu wissen, daß Sie immer waren, immer sein werden: ICH BIN. Sie wird es immer geben. Sie nehmen immer Anteil am Spiel des Lebens, gestalten Ihr Schicksal, gehen heraus aus dem Schicksal, indem Sie vom Ich zum Selbst finden. So entbinden Sie sich von der Kette der Inkarnationen, indem Sie vom Ich zum Selbst gelangen, denn das Selbst inkarniert nicht. In diesem Bewußtsein ist Leben einfach schön. Glück braucht keinen anderen Grund als das Sein. Und das Leben ist eine unbegrenzte Fülle von Möglichkeiten und Chancen. Sie können alles tun.

Auch der Körper ist kein Spielverderber, obwohl er älter wird. Ihr Selbst hat kein Alter. SIE SIND. Schauen Sie in diesem Bewußtsein hin:

Schließen Sie die Augen und schauen Sie, wie alt Sie sind. Sehen Sie sich selbst vor sich und erkennen Sie, wie alt dieses Selbst ist. Wenn Sie es nicht sehen können, fühlen Sie es, spüren Sie, wie alt Sie wirklich sind.

Erkennen Sie, daß Alter nicht existent ist. Alter ist etwas, das einen Körper betrifft, nicht aber das Sein. Das Sein IST! Und Sie erkennen: ICH BIN.

Spüren Sie, wenn Sie Ihr Bewußtsein auf das Alter richten, wie Ihr Körper beginnt, jung zu werden und gesund zu sein. Indem Sie das Tao-Bewußtsein haben, dieses Bewußtsein halten, spüren Sie förmlich, wie Ihr Körper jung wird. Wie er gesund ist, wie Sie sich wohl fühlen.

Warum sollten Sie jemals wieder dieses Wohlgefühl aufgeben? Warum sollten Sie jemals wieder zulassen, daß irgendein anderes Bewußtsein die Harmonie Ihres Körpers stört? Machen Sie die Augen auf und bleiben Sie in diesem Wohlgefühl, in diesem Stimmigsein. Das ist Leben im Tao. Die Lösung aller Probleme ist unfaßbar einfach. Sie brauchen nur noch zu sein.

Wenn Sie aus diesem Sein hinschauen, welche Dinge in der Vergangenheit Sie geärgert haben, allein, daß Sie sich geärgert haben...

Darüber können Sie höchstens noch lächeln, es entlockt Ihnen ein Schmunzeln. Diese Zeiten sind vorbei. Sie werden sich mit Sicherheit nie mehr ärgern. Wozu sollten Sie auch?

Wenn Sie aus diesem Tao-Bewußtsein hinschauen, erscheint es Ihnen im nachhinein so albern, etwas getan zu haben, das Ihnen nur Nachteile gebracht hat und sonst nichts. Es ist nicht intelligenter, als über die Straße zu gehen, Ihre Brieftasche herauszuholen und die Geldscheine einfach so durch die Gegend zu werfen. Durch das Ärgern verschleudern Sie Ihre Lebenskraft. In diesem Bewußtsein können Sie es nicht mehr tun.

Schauen Sie einmal hin, was Sie jetzt an Ihrem Platz, an Ihrem Partner, Ihrem Beruf, an Ihrer Wohnung, Ihrem Auto, Ihren Bekannten noch ärgern könnte. Gehen Sie nicht in den Ärger, der möglich wäre, hinein, sondern bleiben Sie in diesem Bewußtsein und gehen Sie mit diesem Bewußtsein an Ihren Platz. Was könnte Sie da noch ärgern? Stellen Sie sich die ärgerlichste Situation vor, in die Sie geraten könnten.

Sie müssen lange nachdenken, denn in diesem Bewußtsein werden Sie nichts finden. Es geht nicht. Und wenn Sie doch etwas finden, sind Sie nicht mehr in diesem Bewußtsein. Dann zeigt die Tatsache, daß wieder ein Problem da ist oder ein Grund, sich zu ärgern, daß Sie gerade das Tao verlassen haben. Sie sind wieder auf Ihrer alten Bewußtseinsebene gelandet.

Stellen Sie sich einmal die ärgerlichste Situation vor, die Ihnen für die Zukunft einfällt. Was könnte in den nächsten Tagen oder Wochen sehr Ärgerliches passieren? Schauen Sie die Situation mit dem jetzigen Bewußtsein an. Sie sind im Tao. Wie sieht es aus? Wie ärgerlich ist es?

Aus diesem Bewußtsein heraus wird jede Begebenheit zu einer Chance. Selbst wenn Sie Ihren Arbeitsplatz verlieren würden, wäre das eine ganz große Chance für Sie. Machen Sie sich bewußt, daß Sie nichts, auch nicht Ihren Arbeitsplatz, verlieren, solange es Ihr Arbeitsplatz ist. Sollten Sie ihn verlieren, erklärt Ihnen das Leben nur: »Da gehörst Du nicht mehr hin. Das ist nicht mehr Dein Platz.«

Wenn Sie darauf zum Arbeitsamt gehen und man Ihnen sagt, in Ihrem Beruf hätten Sie keine Chancen, etwas Neues zu finden, dann ist das wieder eine Botschaft, die bedeutet, sich selbständig zu machen, sich einen eigenen Arbeitsplatz zu schaffen, weil es kein anderer mehr für Sie tun wird.

Eines Tages sind Sie selbständig und sagen: »Die Arbeitslosigkeit damals war das beste, was mir passieren konnte. Sonst wäre ich an jener Stelle geblieben. Man hätte mich vielleicht sogar befördert. Warum hätte ich weggehen sollen, ich wäre ja zufrieden gewesen.«

Nein, Sie haben Ihren Arbeitsplatz verloren, weil die Firma wackelte oder eine Fusion einging und das Ihre große Chance war. Wenn das Leben ein Spiel ist, gibt es nur noch Chancen. Das Schöne am

Spiel des Lebens ist, daß jeder nur gewinnen kann. Es gibt keine Verlierer.

Erkennen Sie, daß alles, was Ihnen widerfährt, Ihnen dienen und helfen will. Alles geschieht zu Ihrem Besten. Wenn Sie Ihren Arbeitsplatz verlieren und Sie Ihr Bewußtsein dagegen halten, geschieht alles zu Ihrem Besten.

Dann schauen Sie hin, was zu Ihrem Besten ist, wie Sie jetzt im Tao-Bewußtsein mit der Situation umgehen, was jetzt zu tun ist.

Im Tao-Bewußtsein brauchen Sie keine dreißig Bewerbungen zu schreiben. Sie wollen ja nicht dreißig Stellungen haben. Sie schreiben eine Bewerbung und schicken sie an die richtige Firma. Sie wissen auch, welche Firma die richtige ist. Dort, wo Sie hingehören, wo sonst? Es ist alles lächerlich einfach.

Das ist es, von dem ich meinte, wir hätten es in der Schule lernen sollen, um gleich von Anfang an so leben zu können, ständig im Tao zu sein. Dann gäbe es nichts mehr, was wir befürchten müßten.

Ihnen kann nur das passieren, was Sie auf Grund Ihres Denkens, Ihres Bewußtseins anziehen. Im Tao-Bewußtsein kann Ihnen nichts Schlechtes mehr passieren. Es geschieht nur noch das Spiel des Lebens. Sie wissen die Antwort auf alle Fragen. Dann haben Sie keine Angst mehr, Ihren Besitz zu verlieren, bei Ihnen könnte eingebrochen werden, Sie könnten Ihren Arbeitsplatz oder Ihren Partner verlieren. Im Tao-Bewußtsein haben Sie nichts mehr zu verlieren. Nicht, weil sich nichts verändern könnte, sondern weil Sie nichts mehr besitzen. Alles, was Sie scheinbar besitzen, ist eine Leihgabe des Lebens an Sie. Sie sind nackt gekommen und werden nackt gehen. Alles, was Sie hier vorgefunden haben, sind Spielsachen. Die einen bekommen mehr Spielsachen, die anderen weniger. Die, die weniger haben, können sich mehr beschaffen; die,

die mehr haben, können sie verlieren. Es wechselt ständig. Alles ist im Fluß. Es sind nur Spielsachen.

Wenn in diesem Bewußtsein Ihr Auto gestohlen wird, Ihr Häuschen abbrennt, Ihr Partner Sie verläßt, haben Sie keine Probleme damit. SIE SIND. Sie sind im Bewußtsein und spielen das Spiel des Lebens. Sie werden ein neues Häuschen bekommen, einen neuen Arbeitsplatz, einen neuen Partner.

Es ist alles möglich und so macht das Leben Freude. Es kostet Sie keinen Pfennig. Alles, was Sie dazu brauchen, haben Sie bei sich. Sich selbst. Machen Sie von diesem Recht Gebrauch, entscheiden Sie sich für das Sein und sagen Sie: »Das gebe ich nicht mehr auf. Da fühle ich mich wohl. Da spüre ich: So bin ich gemeint. So kann Leben sein.« So ist Leben, wenn Sie es wünschen.

Dann wollen Sie auch nie mehr am Ziel sein. Wo sollte das Ziel denn sein? Was müßte geschehen, daß Sie sagen können, Sie haben Ihr Ziel erreicht? Was machen Sie, wenn Sie ein Ziel erreicht haben?

Sie machen sich auf den Weg und setzen sich erneut ein Ziel. Das bedeutet, daß ein Ziel kein Ort ist, an dem Sie bleiben können. Ein Ziel ist nicht einmal ein Ort, sondern nur ein Orientierungspunkt, damit Sie Ihren Weg bestimmen können. Und wenn Sie diesen Punkt erreicht haben, suchen Sie sich einen neuen Punkt und machen sich wieder auf den Weg.

Das beendet Ihre Ungeduld. Denn wenn Ziele nur Orientierungspunkte sind, warum sollten Sie dorthin gehen? Was wollen Sie an einem bestimmten Punkt, wenn Sie sowieso nicht dort bleiben können. Sie werden sich wieder auf den Weg machen. Also endet irgendwann in dieser Erkenntnis alle Ungeduld. Es gibt nichts mehr, wo Sie eilig hinwollen könnten. Sie erkennen nun, was die Meister mit dem Ausspruch meinten: Der Weg ist das Ziel.

Das Ziel ist nur das Ende des Weges. Ihre Aufgabe ist es, den Weg zu genießen. Ein Ziel erreicht zu haben, ist ohne Bedeutung. Auch die Karriereleiter führt nirgendwo hin. Wenn Sie Pech haben, werden Sie vom Sachbearbeiter zum Abteilungsleiter, zum Direktor, zum Präsidenten, zum Generalbevollmächtigten und zum Konzernchef befördert. Irgendwann greifen Sie nach der nächsten Sprosse, wie Sie es die letzten dreißig, vierzig Jahre getan haben... aber da gibt es keine Sprosse mehr, weil es die letzte war.

Doch Sie sind nicht am Ziel. Obwohl alle Sie beneiden, sind Sie einfach nur am Ende, am Ende der Leiter. Mehr gibt es nicht. Von nun an geht es bergab. Selbst wenn Sie sich auf diesem letzten Punkt halten können, irgendwann werden Sie pensioniert und müssen gehen.

Wenn Sie bis zu dem Zeitpunkt keine andere Erfüllung gefunden haben, als nach der nächsten Sprosse zu greifen, sind Sie arm dran. Dann erwischt Sie der Pensionsschock. Aber Sie sind klug. Sie sind vorbereitet. Sie haben längst aufgehört zu arbeiten, lange bevor Sie pensioniert werden. Sie tun einfach Dinge, die Ihnen Freude machen. Wenn Sie so spielen und nie mehr vergessen, wer Sie sind, ist das Leben wirklich wie ein Kartenspiel, bei dem die Karten nicht verdeckt verteilt werden, sondern offen. Es steht Ihnen völlig frei, sich alle Asse zu nehmen oder alle Joker, was auch immer Sie möchten. Sie sehen vorher, was Sie wählen. Sie können Ihre Karten bestimmen und spielen in diesem Spiel immer die Hauptrolle. Sie sind der Drehbuchautor. Wenn Ihnen das Drehbuch nicht mehr gefällt, schreiben Sie Ihre Rolle neu. Schreiben Sie sie um. Sie sind der Regisseur, Sie sind der Kameramann, und Sie sind der Hauptdarsteller. Natürlich sind Sie auch der Beobachter, der Zuschauer. Und das Ganze findet Ihnen zur Freude statt. Sie sitzen da und schauen zu, wie das Sein durch Sie geschieht, in diesem Bewußtsein.

Wenn Sie sich jetzt beobachten, werden Sie feststellen, daß Sie sich in diesem Bewußtsein sehr wohl fühlen, und trotzdem können

Sie sich nicht lange darin halten. Konfuzius hat vor zweieinhalbtausend Jahren schon gesagt: »Man kann nicht lange auf Zehenspitzen stehen.«

Wir bekommen einen »spirituellen Muskelkater«, wenn wir unser Bewußtsein zu hoch erhoben haben. So hoch können wir noch nicht.

Aber wir sinken nie mehr so tief wie bisher. Wir kommen immer leichter wieder in das hohe Bewußtsein und können das eines Tages überschreiten. Was heute normal ist, ist in einiger Zeit ganz unten. Was heute noch undenkbar ist, ist dann erreichbar. Alles liegt plötzlich in Reichweite. Das ist die Leichtigkeit des Seins. Das ist Leben im Tao: Erkennen, was Leben wirklich ist, erkennen, daß wir hier sind, um den Körper zu durchgeistigen und den Geist zu verkörpern.

Machen Sie sich bewußt, was es heißt, diesen Körper zu besitzen. Sie sind nicht der Körper. Sie sind nur im Körper. Diesen Körper durchgeistigen Sie. Mit diesem Bewußtsein, das Sie gerade jetzt haben, erfüllen Sie Ihren Körper. Sie spüren, wie er sich um einige Pfunde leichter anfühlt, nur durch Ihr erhobenes Bewußtsein. Irgendwann ist dieser Körper wie gewichtslos. Sie spüren ihn nicht mehr. Sie leben auch äußerlich in der Leichtigkeit des Seins. Und zur Leichtigkeit des Seins gehört, keine Probleme zu haben. Es gibt keine Schwierigkeiten. Es gibt keine Lektionen. Sie brauchen keine Botschaften. Wenn Sie das Sein halten, gibt es nur noch das Sein. Dann wissen Sie, was es heißt zu leben. So ist Leben wirklich gedacht. Sie erkennen auch, daß die meisten Menschen sterben, ohne je gelebt zu haben, ohne je das Leben kennengelernt zu haben. Sie haben nur existiert. Sie haben funktioniert. Sie haben konsumiert, aber sie haben nie gelebt.

Viele Menschen interessieren sich dafür, ob es ein Leben nach dem Tod gibt. Es wäre viel sinnvoller, sich dafür zu interessieren, ob es ein Leben vor dem Tod gegeben hat. Das sollte der

Mittelpunkt Ihres Interesses sein. Der Tod ist etwas, mit dem Sie nichts zu tun haben. Epikur hat gesagt: »Was interessiert mich der Tod. Solange ich da bin, ist der Tod nicht da, und wenn der Tod da ist, bin ich nicht mehr da.« Der Tod ist etwas, was nur den Körper betrifft. Sie SIND! Sie kennen keinen Tod. Für Sie ist Tod eine Erfahrung, die Sie unzählige Male gemacht haben. Es ist wie das Ausziehen eines alten Wintermantels und das Hineinschlüpfen in einen neuen. Tod und Geburt sind dasselbe. Sie können eine Tür von hier aus Ausgang nennen. Von der anderen Seite betrachtet, ist es ein Eingang. Es ist völlig das gleiche. Sie erkennen, daß diese Gegensätze eins sind. Eingang und Ausgang sind dasselbe. Geburt und Tod sind dasselbe. Sie aber sind, waren immer, werden immer sein.

Manchem werden die Schritte zu sich selbst schwierig erscheinen. In Wirklichkeit sind sie jedoch einfach. Sie fangen mit einem Schritt an, mit dem Sie keinerlei Risiko eingehen; nämlich sich zu beobachten. Sie riskieren gar nichts. Sie schauen sich nur bei allem, was Sie tun, über die Schulter, mehr nicht. Sie greifen nicht ein. Sie kritisieren sich nicht. Wenn Sie wollen, können Sie sich loben. Sie schauen einfach nur zu. Sie sind der Beobachter Ihres Lebens.

Wenn Sie das tun, sehen Sie, daß Sie wie beim Atmen eingreifen können. Sie können bewußt atmen, bewußt tief atmen, oder Sie können Ihren Atem auch einfach geschehen lassen.

Beim Leben ist es dasselbe. Sie können eingreifen oder das Leben einfach nur durch sich geschehen lassen. So wie Sie sich in Meditationen bewußt machen, »es atmet mich«, so können Sie auch erleben, »es handelt durch mich«. Sie lassen die Handlung los, lassen das Handeln geschehen.

WU WEI

Jetzt sind wir mitten im wichtigsten Teil des Tao, dem Wu wei. Wu wei wird fälschlicherweise mit »nicht handeln« oder »nicht tun« übersetzt. Genauer müßte es heißen: »Nicht ich tue, sondern ich lasse das Handeln durch mich geschehen.« So können Sie durch das Beobachten erkennen, wo Ihnen Ihr Handeln nicht entspricht und wo es Ihnen entspricht. Sie können sich entscheiden, ob Sie diesen Teil oder jenen zulassen möchten. Sie können Ihre Handlung nun so verändern oder anders geschehen lassen, daß sie Ihnen wieder entspricht. So kommen Sie Schritt für Schritt unmerklich zum Sein, ohne je das geringste Risiko eingegangen zu sein.

Das ist das Wu wei. So wie Sie Ihren Atem geschehen lassen, so lassen Sie Ihr Tun durch sich geschehen, ohne einzugreifen.

Viele Menschen glauben, daß es in unserer heutigen hektischen Zeit gar nicht mehr möglich ist, den geistigen Weg zu gehen. Wir erleben es auch immer wieder in der Praxis. Sie gehen in einem Seminar in ein erhobenes Bewußtsein, begegnen sich selbst, fühlen sich in sich wohl und kommen begeistert nach Hause, um es den andern zu berichten. Diese sagen dann: »Wenn das so einfach wäre, würde es jeder machen. Laß Dir doch nichts erzählen.« Dann fühlen Sie, wie Sie langsam herunterkommen, und mit einem sanften Bums wieder in Ihrem alten Bewußtsein, in der alten Situation landen. Nach ein paar Wochen, manchmal schon nach ein paar Tagen, stellen Sie fest, daß das Bewußtsein, das Sie im Seminar erreicht hatten, in dem Sie sich so wohl gefühlt hatten, wieder verlorengegangen ist. Sie erwägen, ein weiteres Seminar zu besuchen.

Sorgen Sie dafür, daß Sie keine Seminare, keine Lehrer mehr brauchen. Sorgen Sie dafür, daß Sie zu sich selbst kommen und dort bleiben. Erkennen Sie Ihr Leben als Ihren Lehrer.

Machen Sie sich bewußt, daß »den geistigen Weg gehen« nicht bedeutet, den geistigen Weg zu gehen und auf das reale, praktische Leben, die Welt, zu verzichten. Es ist nicht nur möglich, sondern Ihre Aufgabe, diesen geistigen Weg in der heutigen Zeit, an Ihrem Platz, in Ihrer Partnerschaft, Ihrem Beruf zu gehen. Sonst trennen Sie die spirituelle Seite des Lebens von der materiellen und verfehlen die Ganzheit. Es würde bedeuten, erst auf der materiellen Seite zu sein, später auf der spirituellen. Erst wenn es gelingt, beides zusammenzubringen, findet Vollkommenheit statt.

Glauben Sie also nicht mehr, das tägliche Leben behindere Ihre geistige Entfaltung, sondern erkennen Sie, daß es in Wirklichkeit umgekehrt ist. Geistige Reife erreichen Sie nicht in der Isolation. Es kann vielleicht eine vorübergehende Hilfe sein, sich zur Meditation zurückzuziehen, vielleicht einmal für einen Urlaub ins Kloster, in die Stille, in sich selbst zu gehen. Aber irgendwann müssen Sie sich wieder dem lebendigen Strom des Lebens stellen. Wenn Sie auf dem geistigen Weg sind, müssen Sie sich im Alltag bewähren. Dann muß es auch mit Ihrem Partner, Ihrer Familie, Ihrem Beruf möglich sein. Der richtige Platz für Ihren geistigen Weg ist immer dort, wo Sie gerade stehen. Denn nur von dort aus können Sie Ihren nächsten Schritt tun.

Lassen Sie sich also nicht mehr irritieren. Es gibt auch keinen Grund mehr, auf irgend etwas zu warten. Dieses wahre Leben, so wie Ihr Leben gemeint ist, wartet auf Sie, wartet seit undenklichen Zeiten auf Sie, wartet darauf, daß Sie wach werden, daß Sie es erkennen, daß Sie es in Besitz nehmen, daß Sie Sie selbst sind. So kommen Sie ganz von selbst vom Reagieren zum Agieren.

Wir sind es gewöhnt, auf Ereignisse zu reagieren. Was ein anderer sagt oder tut, ruft eine Reaktion in uns hervor. Wir reagieren auf die Umwelt, anstatt zu agieren. Wenn wir reagieren, ist es schon viel zu spät, ist es bereits passiert. Wir müssen handeln, bevor etwas geschieht.

Als Sie auf die Welt kamen, waren Sie wie jedes Baby reine Freude und Liebe. Sie wußten noch, wer Sie sind, wußten um Ihre wahre Bedeutung und fühlten sich als Mittelpunkt der Welt. Jedes Kind fühlt sich als Mittelpunkt der Welt. Jeder hatte damals auch noch den Mut zu sagen, was er wollte, seine Gefühle offen zu zeigen. Damals hatte jeder noch den Mut, er selbst zu sein. Irgendwann im Laufe des Lebens ist vieles davon verlorengegangen. Es wird Zeit, daß Sie es wiederfinden, daß Sie sich selbst wieder begegnen.

Im Märchen wird der Frosch zum Prinzen, sobald ihn die Prinzessin küßt, oder die Prinzessin erwacht, sobald der Prinz sie küßt. Durch eine liebevolle Berührung von Geist und Seele erwacht der Mensch zu sich selbst. Genau das gleiche kann in jedem Augenblick mit Ihnen geschehen. Wenn Sie im Tao sind, ist es geschehen, sind Sie sich begegnet, sind Sie zu sich erwacht.

Natürlich können Sie sich auf die andere Seite drehen, wieder einschlafen und weiterträumen. Aber Sie können auch wach bleiben. Wach zu bleiben heißt: agieren, handeln, sich mit sich selbst identifizieren und in diesem Selbstbewußtsein leben. Nicht mehr auf die Umstände zu reagieren, sondern die Umstände und Ereignisse zu bestimmen, selbst Ursachen zu setzen, frei zu sein. Nicht mehr zu arbeiten, um Geld zu verdienen, sondern aus Freude an dem zu Schaffenden, so daß Sie Ihren Arbeitsplatz als Ort zur Selbstverwirklichung sehen.

Kommen Sie sich selbst immer näher, indem Sie sich selbst gestalten. Solange Sie noch reagieren, lernen Sie z.B. durch Leid. Wenn Sie anfangen zu agieren, lernen Sie durch Erkenntnis - der königliche Weg. Solange Sie in der Reaktionsphase sind, beherrscht das Leben Sie. Wenn Sie agieren, beherrschen Sie das Leben.

Und irgendwann - vielleicht jetzt - kommen Sie in die dritte Phase, die Ebene des Seins, die Identifikation mit dem Selbst. Sie erkennen sich als Individuum, als ungetrennten Teil der Einen Kraft. Sie waren nie getrennt, nie in Sünde. Sie waren immer in der Einheit. Sie hatten es nur vergessen. Aber in Wirklichkeit war die Einheit immer da.

In diesem Sein, in dieser Einheit ist Arbeit Erfüllung. Arbeit und das Leben sind der individuelle Einweihungsweg. Vergangenheit ist nicht mehr Belastung, sondern nur noch Erinnerung. Zukunft ist eine unbegrenzte Möglichkeit, die vor Ihnen liegt. Gegenwart ist ein Leben in reiner Freude, ist Wahrnehmen der Wirklichkeit, ist Lesen im Buch der Schöpfung, ist Erkenntnis, ohne zu lernen, ist sich wieder zu erinnern, daß Sie alles wissen.

Das ist Leben im Tao. Früher oder später können Sie dieser Wirklichkeit nicht mehr ausweichen, müssen Sie sich selbst begegnen. Warum also länger darauf warten? Warum noch ein paar Jahre oder ein paar Inkarnationen vertun? Das Leben bietet Ihnen die Chance jetzt. Sobald die Trennung vom Selbst beendet ist, verschwindet der Nachhilfeunterricht aus Ihrem Leben. Es gibt keine Krisen mehr und schon gar keine Katastrophen. Es gibt nur noch das Sein. Sie erkennen, daß Sie nie aufgehört haben, Sie selbst zu sein. Sie hatten es nur vergessen; vergessen, daß Sie ein Individuum sind, ein ungetrennter Teil der EINEN Kraft. Und alles, was dieser EINEN Kraft zu eigen ist, nämlich Vollkommenheit, ist Ihr wahres Wesen. Das ist Ihr geistiges Erbe, das seit undenklichen Zeiten darauf wartet, daß Sie es erkennen und in Besitz nehmen. Es ist niemand da, der es Ihnen streitig machen könnte. Es gehört Ihnen. Sie brauchen es nur anzunehmen. Dann wissen Sie, daß es nie mehr ein Ziel zu erreichen gibt. Sie waren die ganze Zeit am Ziel. Das Ziel sind Sie selbst. Der Suchende ist der oder das Gesuchte. In diesem Zustand können Sie nie mehr sagen: »Ich kann nicht«, denn das ist nicht wahr. Es gibt nichts, das Sie nicht können, wenn Sie es wirklich wollen. Sie haben es nur vergessen.

Hören Sie auf, ein Sucher zu sein, und erkennen Sie sich als Finder. Als Finder wissen Sie, daß das Leben alles bereithält, was Sie brauchen, und daß es dies dann bereithält, wenn Sie es brauchen. Es ist immer alles da. Sie entscheiden, ob das Leben es manifestieren darf oder nicht. Sie entscheiden es mit Ihrem Glauben. Glauben Sie es oder nicht. Lassen Sie sich nicht durch belanglose Dinge vom einzig Wichtigen, das Sie selbst sind, abhalten.

Ich erinnere mich an eine kleine Geschichte vom Eremiten und der Maus:

Ein Eremit saß meditierend in der Einsamkeit. Da huschte eine Maus herein und knabberte an seiner Sandale. Verärgert öffnete der Eremit die Augen und sagte: »Warum störst Du meine Meditation?« »Weil ich Hunger habe«, sagte die Maus. »Geh weg, Du dumme Maus«, sagte der Eremit, »ich suche gerade die Einheit mit Gott. Wie kannst Du mich dabei stören?« »Wie willst Du eins werden mit Gott«, sagte die Maus, »wenn Du nicht einmal einig wirst mit mir?«

Es wird trotzdem geschehen, daß Sie wieder einmal in einer lächerlich belanglosen Situation nicht optimal reagieren. Dann sollten Sie sich besonders daran erinnern, daß das Ganze ein Spiel ist. Es gibt keinen Grund zum Ärger, keinen Grund für Schuldgefühle. Machen Sie es das nächste Mal besser. Das Ganze ist nur ein Spiel!

Wenn Sie bereit sind, brauchen Sie nie mehr durch Leid und Erfahrung zu lernen. Dann lernen Sie durch Erkenntnis. Sie haben in jedem Augenblick die Wahl. Sie können Ihr ganzes Leben ändern. Sie können gar nicht anders als wählen. Und selbst wenn Sie nicht wählen, haben Sie gewählt. Sie haben in jedem Augenblick die Wahl.

Machen Sie sich zudem bewußt, daß Ihr Lebensweg absolut einmalig ist. Es hat noch nie einen Menschen gegeben, der diesen

Weg gegangen ist. Es hat auch noch nie einen Menschen gegeben, der so war wie Sie, der Ihre Erfahrung hatte, Ihre Art, Ihre Erkenntnisse, der so aussah wie Sie. Sie sind absolut einmalig, und Sie gehen einen einmaligen Weg. Es wird nie wieder so einen Menschen geben, und nie wieder wird einer diesen Weg gehen. Damit ist das ganze Leben eine ewige Premiere ohne Generalprobe. Sie werden diesen Weg nie mehr gehen können. Dieser Weg findet nur jetzt statt, in diesem Augenblick.

Wenn Sie das wissen, ist Ihnen klar, daß es keine Sicherheit gibt, keine Probe und keine Wiederholung. Wenn das Leben eine ewige Premiere ist, kann das eigentliche Abenteuer Leben beginnen.

Irgendwann erkennen Sie: Ich bin vollkommenes ewiges Bewußtsein, ein untrennbarer Teil des Einen Bewußtseins, das wir Gott nennen.

Plötzlich erkennen Sie, wer Sie wirklich sind. Plötzlich wissen Sie wieder, daß es nie einen Weg gegeben hat, nie Schritte gebraucht hat, weil Sie immer am Ziel gewesen sind. Weil SIE selbst das Ziel sind.

Ihre einzige Aufgabe hier ist es, das zu erkennen. Erleuchtung ist, es nicht nur zu wissen, sondern es zu sein. Dann erinnern Sie sich nicht nur, sondern Sie leben als das, was Sie sind - als Meister. Das ist Ihre wahre Bestimmung. Deswegen sind Sie gekommen. Um zu leben als ICH BIN. Dann brauchen Sie keinen Weg mehr. Sie sind sich selbst zum Weg geworden und erkennen, daß alles bis hierher nur Vorbereitung auf das eigentliche Leben gewesen ist.

Jetzt, wo Sie soweit sind, stehen Sie vor einer wichtigen Entscheidung: Entweder geht es jetzt ganz schnell oder Sie stürzen ab. Das Leben bietet nie eine Einbahnstraße, sondern immer die Wahl. Sie haben die Wahl, und Sie müssen sich entscheiden. Sie können nicht anders.

Wenn Sie die Chance nicht nutzen, haben Sie sich für den Weg der Erfahrung, des Leidens entschieden, und Sie werden dies erleben. Die Tatsache, daß Sie das Buch neugierig studiert haben, zeigt, daß Sie bereit sind für die Chance, bereit sind, aus der Erkenntnis, dem königlichen Weg, zu lernen. Es sind nur noch ein paar Schritte bis zum Ziel. Sie wissen jetzt, wer Sie sind. Es steht Ihnen frei, dieses Wissen ins Tun umzusetzen, besser gesagt ins Sein. Sie brauchen nur noch zu sein, wer Sie sind. Dann geschieht Erleuchtung im gleichen Augenblick.

Das ist auch der Weg von Buddha. Auch Buddha war in seiner Jugend in einem Palast abgeschirmt von der Welt draußen, so wie wir eingesperrt in der Traumwelt unserer Vorstellungen leben. Wir haben Ansichten, Meinungen, Vorstellungen. Das alles hat nichts mit der Wirklichkeit zu tun.

Eines Tages verließ Buddha den Palast und trat hinaus ins Leben. Als er das Elend und Leid um sich herum sah, war er völlig verzweifelt. Er konnte nicht erkennen, warum es so viel Leid in der Welt gibt und suchte eine Antwort darauf. Deshalb faßte er einen Entschluß und machte sich auf den Weg. Er zog von einem Meister zum anderen, immer auf der Suche nach einer Antwort auf seine drängende Frage. Aber keiner konnte ihm eine brauchbare Antwort geben. So vergingen sieben lange Jahre, in denen er immer verzweifelter wurde. Eines Tages saß er unter einem uralten Buddhibaum und gab auf. Er gab all seine Hoffnungen auf, doch noch eine Antwort zu finden und damit auch seine ganze Verzweiflung. Er ließ alles los. Er machte Schluß. Schluß mit dem ewigen Wünschen, Wollen und Hoffen. Er gab bedingungslos auf. Er gab sich Gott. Und in diesem Augenblick geschah das Wunder. Er gelangte zur Erleuchtung. Er erkannte, daß er eins war mit dem All, daß es gar nichts zu tun gab. Er war nur noch der stille Beobachter, sah zu, wie Schöpfung geschah. Nicht er handelte mehr, sondern ES handelte durch ihn.

Wenn alles von uns abfällt, was uns ausmacht, sind wir frei von der Illusion des Ich und werden zum Selbst. Es ist nichts mehr zu tun. Alles ist geschehen und geschieht ewig, und alles ist plötzlich ganz einfach.

Im Herbst fällt das Blatt vom Baum. Der Frühling kommt. Das Gras wächst. Die Sonne scheint. Das ist Leben im Tao. Alles geschieht. Es gibt nichts mehr zu tun. Es ist nur noch ein ewiges Sein.

Schauen Sie hin, ob Sie in der Lage sind, mit diesem Bewußtsein an Ihrem Platz zu sein, denn von jetzt an geht es nicht nur um Sie. In erster Linie geht es wohl um Sie. Es geht darum, ob Sie kurz vor der Vollendung stehen und die letzten Schritte aus eigener Kraft tun oder ob Sie noch einmal einen Umweg machen.

Und wenn Sie diese letzten Schritte tun, dann geht es darum, daß Sie anderen Chance sind. Sie sind nicht nur für sich hier. Sie sind auch hier wegen der vielen anderen Menschen in Ihrer Umgebung, die auf einen Anstoß warten, die eine Hand brauchen, die jemanden brauchen, der sie an sich erinnert. Vielleicht sind Sie deren einzige Chance. Wenn Sie versagen, haben sie keine Chance. Es ist Ihre Verantwortung zu erkennen, daß Sie Teil des Ganzen sind und nicht nur für diesen Teil, für sich selbst Verantwortung tragen, sondern für das Ganze.

Sie können diese Erkenntnis in der Meditation vertiefen, so daß Sie die Kraft gewinnen, die Klarheit des Bewußtseins von jetzt an für immer an Ihrem Platz zu halten.

Als Sie selbst wissen Sie, daß wenn Sie mehr Glück als Verstand haben wollen, Sie den Verstand Ihrem Glück nicht mehr in den Weg stellen dürfen. Es wird Ihnen eine Chance geboten, ab jetzt unbeeindruckt durchs Leben zu gehen, zu erkennen, daß alles, was Ihnen widerfährt, gleich-gültig ist. Sie haben die Chance, begeistert JA zu sagen, egal, ob Ihnen das Leben etwas gibt oder nimmt. Aus dem Bewußtsein, daß Ihnen ALLES dienen und helfen will, ist diese Haltung möglich.

Wenn Ihnen das Leben etwas gibt, dann deswegen, weil Sie es brauchen. Wenn Ihnen das Leben etwas nimmt, dann deswegen, um Platz zu machen für etwas Besseres. Sie haben in jedem Augenblick die Wahl, sich für eine neue Ebene des Seins zu entscheiden.

Es ist wie die Verwandlung einer Raupe zum Schmetterling. Sobald die Raupe spürt, daß etwas Neues werden will, verpuppt sie sich, zieht sie sich zurück in einen Kokon. In dieser Stille geschieht die Transformation. Der Schmetterling wird geboren. Aber sobald der Schmetterling geboren ist, kann die Raupe nicht mehr Raupe sein. Die Raupe gibt es nicht mehr. Sie ist jetzt ein Schmetterling. Sie hat keine Ahnung vom Fliegen. Davon hat sie als Raupe nie etwas gehört. Sie hat Angst hinunterzufallen, versucht vielleicht, durch die Luft zu kriechen, wie bisher auf der Erde. Aber die bisherige Erfahrung hilft ihr nicht mehr. Sie muß fliegen. Doch eine Raupe kann nicht fliegen. Erst wenn sie sich bewußt als Schmetterling erkennt, sich mit sich selbst identifiziert, ist alles plötzlich möglich. Der Schmetterling ist noch nie geflogen, aber jetzt kann er es. Kann sich über sein bisheriges Dasein erheben und sogar das Fliegen genießen. Es kommen neue Herausforderungen auf ihn zu, neue Risiken und neue Chancen - ein neues Leben, ein Leben auf einer anderen Ebene des Seins.

Sie haben sich wissend gemacht. Sie haben keine Chance mehr, als der weiterzuleben, der Sie bisher waren. Das Leben der Raupe ist vorbei. Der Schmetterling ist geboren. Also fliegen Sie!

Was auf Sie wartet, ist ein märchenhaftes Leben, ein Leben, in dem Sie schnell Schritt für Schritt die wesentlichen Stationen durchlaufen bis zum Ziel: ganz im Selbstbewußtsein erleuchtet als Meister zu leben.

Gerade in den alten Märchen ist diese Weisheit immer wieder enthalten. Wir haben sie als Kinder gehört oder begeistert gelesen. Vielleicht hatten wir das Glück, eine Großmutter zu haben, die sie uns immer wieder erzählt hat. Wir waren da sehr genau. Wenn die Großmutter nur ein Wort daran änderte, haben wir gesagt: »Nein, nein, falsch. So ist das.« Wir kannten unsere Märchen. Wir wußten, wie sie zu sein hatten.

Zum Abschluß möchte ich Ihnen deshalb ein Märchen erzählen. Eines, das Sie alle kennen:

Das Märchen von Hans im Glück

Hans hatte seinem Herrn sieben Jahre lang treu gedient. Als seine Zeit gekommen war, wollte er gern heimgehen und verlangte seinen Lohn. Er bekam ihn in Form eines Klumpen Goldes, so groß wie ein Kinderkopf.

Sieben Jahre waren zu Ende. Das bedeutet, ein Leben, eine Einheit oder ein Schultag war beendet. Der Lohn ist das Schicksal, das Karma, das, was wir mitnehmen. Da Hans treu gedient hatte, bekam er den höchsten materiellen Lohn, der hier denkbar ist - einen Klumpen Gold.

Mit diesem Klumpen Gold machte Hans sich auf den Weg nach Hause. Aber unterwegs drückte ihn dieser Klumpen ganz schön, wurde immer schwerer, so daß er ins Schwitzen kam.

Als dann ein Reiter vorbeikam, beneidete er ihn und fragte, ob er bereit sei, das Pferd gegen das Gold einzutauschen.

Bei den heutigen Goldpreisen hätte er sich ein ganzes Gestüt kaufen können, aber er wollte nur ein Pferd. Sein Wunsch war, schneller vorwärtszukommen, schneller nach Hause zu kommen. Er war ebenso ungeduldig wie wir.

So tauschte er den Lohn eines langen Lebens gegen ein Pferd und ritt nach Hause. Als es ihm nicht schnell genug ging, gab er dem Pferd die Sporen, und es setzte sich in Trab. Doch Hans war dieses Tempo nicht gewöhnt und fiel hinunter. Er holte sich blaue Flecken und war es deshalb leid, schneller vorwärtszukommen, als es zu ihm paßte, als es stimmte.

Da kam jemand des Weges, der ihm eine Kuh für das Pferd bot. Hier hatte Hans die Möglichkeit, die »Milch der frommen Denkart« zu trinken, Schluck für Schluck. Er konnte sich vorbereiten, um nicht mehr so ungeduldig sofort am Ziel sein zu wollen und nur hinunterzufallen, sondern zuerst ganz zu sich zu kommen, sich zu erfüllen mit der Weisheit der Milch.

Er tauschte das Pferd gegen die Kuh. Doch die Kuh gab ihm einen Tritt, so daß er keine Milch bekam.

Und Hans fand jemanden, der hatte ein Schwein. Er tauschte die Kuh gegen das Schwein. Das Schwein ist seit alters her Symbol des Glücks. Wenn jemand erkannt hat, daß es nicht nötig ist, voller Ungeduld schnell ans Ziel zu wollen, sondern daß es richtig ist, ruhig, Schritt für Schritt zu gehen und sich mit dem Notwendigen auf dem Weg zu erfüllen, hat er Glück. Deswegen heißt es auch: Das Märchen von Hans im Glück.

So zog er glücklich mit seinem Schwein weiter. Eigentlich könnte das Märchen hier zu Ende sein, doch Hans traf unterwegs einen weiteren Mann. Dieser hatte eine Gans und tauschte diese gegen das Schwein. Die Gans ist seit alters her Symbol der Reinheit und der Wachsamkeit. Im alten Rom gab es Gänse als Wachhunde, da sie viel wachsamer sind als Hunde, weil sie nicht schlafen und sich nicht bestechen lassen.

Hans ging rein, wachsam und achtsam weiter durchs Leben. Dabei traf er einen Scherenschleifer. Es schien ihm ein noch höheres Glück zu geben, und so tauschte er seine Gans gegen den

Schleifstein. Der Scherenschleifer gab ihm zusätzlich einen Feldstein mit auf den Weg.

Und Hans zog glücklich und dankbar mit seinem Schleif- und Feldstein weiter seiner Heimat zu. Den Schleifstein als Werkzeug, um seinen Geist zu schärfen, sein Bewußtsein zu klären, und den Feldstein als Symbol, daß er noch immer Materie, Vergangenheit, Dinge mit sich herumschleppte, die gar nicht mehr zu ihm gehörten.

Er ging immer weiter. Die Sonne war heiß und die Steine schwer. Als er an einen Brunnen kam, legte er die Steine vorsichtig an den Rand und beugte sich vor, um zu trinken. Aus Versehen stieß er die Steine an, und sie fielen in den Brunnen. Im klaren Spiegel des Wassers, der Seele, erkannte er, daß es nichts mehr zu schleifen gab, die Materie nicht mehr zu ihm gehörte. Er war am Ziel, am Ende des Weges. Er war wieder zu Hause angekommen.

So hatte Hans alles verloren, was er an irdischen Gütern gewonnen hatte, und doch das Höchste gewonnen, was es zu gewinnen gibt: sich selbst. Er war wirklich am Ziel.

Sie wissen jetzt alles, und Sie wissen, was zu tun ist. Das Tun kann Ihnen niemand abnehmen. Aber wenn Sie es tun, sind es nur noch ein paar Schritte bis zum Ziel - wir sehen uns dort.

Alles Gute auf Ihrem Weg!

MEDITATION 1

Wenn ich bereit bin, schließe ich meine Augen, gestatte meinem Körper, vollkommen bewegungslos zu sein und mache mir bewußt, wer ich wirklich bin. Ich bin nicht der Körper. Ich bin vollkommenes, ewiges Bewußtsein. Ich war immer und werde immer sein; denn ICH BIN. Ich bin ein Teil des Einen allumfassenden Bewußtseins. Mein Körper aber ist mein Werkzeug, das mir dient und gehorcht.

Ich nehme als erstes mein Werkzeug Körper einmal ganz bewußt in Besitz, durchdringe und erfülle ihn bis in die letzte Zelle mit Bewußtsein. Ich bin mir meines ganzen Körpers bewußt. Ich beherrsche meinen Körper. Aber ich beherrsche nicht nur meinen Körper; ich, Bewußtsein, beherrsche auch meine Gedanken.

Und so konzentriere ich jetzt die Vielfalt meiner Gedanken auf einen Punkt und beobachte meinen Atem. Ich verändere nichts an meinem Atem, sondern beobachte ihn einfach. Während ich meinen Atem beobachte, erkenne ich, nicht ich atme, sondern ES atmet mich. ES atmet mich. ES ist das Leben selbst, das mich atmen läßt. Und so lasse ich ganz bewußt meinen Atem geschehen - erlebe - ES atmet mich.

Dann lasse ich meinen Atem los, lasse ihn weiter geschehen, lasse die Außenwelt los und sinke in mich hinein. Sinke in meine lichte Innenwelt, in die lichte Welt in mir, sinke ruhig und gleichmäßig in meine Mitte, werde ganz bewußt eins mit mir, bin eins mit mir selbst, bin wieder ganz bewußt der, der ich wirklich bin - ich selbst.

Als ich selbst nehme ich wahr, wo das Zentrum meines Bewußtseins ist. Wo bin ich Selbst? Bin ich im Kopf oder bin ich im

Bauch, bin ich in meinem Herzen oder im ganzen Körper? Ich nehme einmal wahr, wo ich bin.

Und wenn ich es wahrgenommen habe, lasse ich mich ganz weit werden und fülle mein ganzes Sein mit mir selbst aus. Ich fülle meinen Körper aus, lasse mein Bewußtsein weit werden, über meinen Körper hinausgehen und stelle mir vor, ich trete vor einen Spiegel. In diesem Spiegel sehe ich mich selbst, erkenne, welches Bild ich von mir habe. Wer schaut mich da an? Ich mache mir so bewußt, wie mein Selbstbild aussieht.

Während ich mein Selbstbild immer deutlicher im Spiegel erkenne, beginne ich ganz bewußt, es zu gestalten, schaffe mir ein anderes Bild, erkenne, wer ich wirklich bin. Ich schaue noch einmal bewußt in den Spiegel und erkenne mich selbst, wie ich wirklich bin, erkenne meine wahre Größe.

In der Begegnung mit der Wirklichkeit brauche ich kein Bild mehr. Ich erkenne, wer ich wirklich bin.

Ich mache mir bewußt, ob ich bereit bin, von nun an als ich selbst zu leben, zu leben in der Wirklichkeit meines Seins. Ich nehme mich ganz bewußt so an, wie ich bin und erkenne die grenzenlose Freiheit. Ich habe in jedem Augenblick meines Lebens die Wahl, die Wahl mich zu entscheiden, wie ich leben will.

Und so schaue ich als ich selbst noch einmal zurück auf mein bisheriges Leben, mache mir bewußt, ob ich bereit bin, so weiterzumachen, ob ich bereit bin, noch einmal in dieses alte Leben zurückzukehren. Ich schaue mir mein Leben an und treffe dann die Wahl, mache mir auch bewußt, wie mein Leben eigentlich gemeint ist. Ich schaue mir das Leben an, das mir entspricht, so wie es stimmen würde und erkenne, daß dieses Leben auf mich wartet. Es wartet darauf, daß ich endlich den Mut finde, zu mir selbst zu stehen und als ich selbst zu leben.

Ich frage mich, ob ich bereit bin für mich selbst, ob ich bereit bin, endlich ich selbst zu sein. Ich nehme ganz bewußt Maß, stelle mir vor, ich kehre als ich selbst an meinen Platz zurück; aber nichts ist mehr so, wie es einmal war. Ich bin jetzt ich selbst. Was ändert sich dadurch in meinem Leben?

So gehe ich ganz bewußt als ich selbst in mein Leben, erlebe, was geschieht, wenn ich ich selbst bin. Ich mache mir bewußt, ob ich den Mut habe, ich selbst zu sein, oder auf was ich noch warte. Was muß zuerst noch geschehen, damit ich endlich der bin, der ich wirklich bin, um das Leben zu leben, weswegen ich gekommen bin. Um das Leben zu leben, das mich wirklich erfüllt, das zu mir gehört, das stimmt. Ich treffe bewußt meine Wahl, entscheide mich jetzt.

Ich bin endlich frei, frei für mich selbst, frei zu tun, was ich schon längst hätte tun sollen. Endlich bin ich bereit. Endlich habe ich den Mut. Und ich spüre, daß jetzt der richtige Zeitpunkt ist. Jetzt lebe ich als ich selbst. Ich gehe hinaus in die Welt als ich selbst, bin endlich wieder der, der ich wirklich bin - ich selbst.

Und als ich selbst kehre ich nun wieder ganz behutsam zurück an die Oberfläche des Seins, zurück ins Hier und Jetzt. Wann immer ich bereit bin, öffne ich meine Augen, gestatte meinem Körper, sich wieder frei zu bewegen, bin wieder ganz bewußt im Hier und Jetzt. Nun bin ich hier als der, der ich wirklich bin, bereit für mein wahres Leben.

Sie haben gesehen, wie Ihr Selbstbild aussieht. Vielleicht sind Sie bereit, dieses Bild ersatzlos zu streichen und einfach zu sein, der Sie sind, und maßzunehmen, wie es aussehen könnte, wenn Sie als Sie selbst an Ihrem Platz sind und dort unter den gegebenen Umständen weiter Sie selbst bleiben. Wenn Sie sich nicht mehr beeinflussen lassen, sondern tun, was zu tun ist. Wenn Sie das leben, was stimmt. Egal, ob die anderen »hurra« oder »pfui« schreien. Sorgen Sie dafür, daß Sie in jedem Augenblick stimmen, daß

Sie in sich ruhen und wissen, das sind wirklich Sie. Leben Sie in diesem Bewußtsein.

Wenn Sie zu diesem Schritt bereit sind, können Sie sich das ganze Tun schenken, denn dann sind Sie im Sein. Für den Fall, daß der Schritt Ihnen noch ein bißchen groß erscheint, lassen Sie sich Zeit damit. Erarbeiten Sie sich Schritt für Schritt Ihr positives, harmonisches Tun, um irgendwann, wenn Ihre Zeit reif dazu ist, in Ihr Sein einzutreten.

Verarbeiten Sie das, was Sie aufgenommen haben, lassen Sie es einfach in sich geschehen.

MEDITATION 2

Ich schließe meine Augen und gestatte meinem Körper, vollkommen bewegungslos zu sein und mache mir bewußt, wer ich wirklich bin. Ich bin nicht der Körper. Ich bin vollkommenes, ewiges Bewußtsein. Ich war immer und werde immer sein; denn ICH BIN. Ich bin ein Teil des Einen allumfassenden Bewußtseins. Mein Körper aber ist mein Werkzeug, das mir dient und gehorcht.

Und so nehme ich einmal mein Werkzeug Körper ganz liebevoll in Besitz, durchdringe und erfülle ihn bis in die letzte Zelle mit Bewußtsein. Ich bin mir meines ganzen Körpers bewußt. Ich beherrsche meinen Körper. Aber ich beherrsche nicht nur ihn; ich, Bewußtsein, beherrsche auch meine Gedanken.

Ich konzentriere die Vielfalt meiner Gedanken nun auf einen Punkt: Ich beobachte meinen Atem und erlebe dabei das Wunder vollkommener Konzentration, indem ich alles andere loslasse, außer dem einen, das ich gerade tue: Ich beobachte meinen Atem und verändere nichts, beobachte nur.

Und während ich meinen Atem beobachte, erkenne ich, nicht ich atme, sondern ES atmet mich. ES atmet mich. ES ist das Leben selbst, das mich atmen läßt. So lasse ich ganz bewußt den Atem geschehen und erlebe: ES atmet mich.

Dann lasse ich die Außenwelt los, und während ich meinen Atem weiter geschehen lasse, sinke ich in mich hinein, sinke in meine Mitte, ruhe bewußt in mir, erfülle meinen Körper mit meinem Bewußtsein, lasse mein Bewußtsein weiter werden und über den Körper hinausgehen. Ich lasse mein Bewußtsein noch weiter werden, erfülle den ganzen Raum, das Haus und meinen Ort mit

Bewußtsein. Alle anderen sind in mir. Ich erlebe bewußt: Wir alle sind eins.

In dieser Erkenntnis erfülle ich mein Bewußtsein jetzt mit Wohlwollen, mit Sympathie, mit Liebe. Hülle jeden einzelnen ein in meine Liebe. Und als Zeichen meiner Liebe nehme ich jeden so an, wie er ist, auch mich selbst. Ich nehme mich bewußt an, so wie ich bin. Gestatte ab heute jedem Menschen so zu sein, wie er ist.

In diesem Bewußtsein der Liebe und Einheit gehe ich von nun an durch mein Leben. Wohin ich auch komme, wird die Welt lichter und liebevoller durch mein So-Sein. In diesem Bewußtsein erfülle ich von nun an meine Aufgabe.

Und in diesem Bewußtsein kehre ich wieder zurück an die Oberfläche des Seins, zurück ins Hier und Jetzt. Wann immer ich bereit bin, öffne ich meine Augen, gestatte meinem Körper, sich wieder frei zu bewegen, bin wieder ganz bewußt im Hier und Jetzt. Aber ich bleibe in diesem Bewußtsein der Liebe und Einheit mit allem.

MEDITATION 3

Wenn ich bereit bin, schließe ich meine Augen und gestatte meinem Körper, vollkommen bewegungslos zu sein, und mache mir bewußt, wer ich wirklich bin. Ich bin nicht der Körper. Ich bin vollkommenes, ewiges Bewußtsein. Ich war immer und werde immer sein, denn ICH BIN. Ich bin ein Teil des Einen allumfassenden Bewußtseins. Mein Körper aber ist mein Werkzeug, das mir dient und gehorcht.

Und so nehme ich mein Werkzeug Körper einmal ganz bewußt in Besitz, durchdringe und erfülle ihn bis in die letzte Zelle mit Bewußtsein. Ich beherrsche meinen Körper; aber ich beherrsche nicht nur ihn. Ich, Bewußtsein, beherrsche auch meine Gedanken.

Und so konzentriere ich jetzt die Vielfalt meiner Gedanken auf einen Punkt: Ich beobachte meinen Atem. Ich verändere nichts, ich beobachte nur.

Während ich meinen Atem beobachte, erkenne ich, nicht ich atme, sondern ES atmet mich. ES atmet mich. ES ist das Leben selbst, das mich atmen läßt. Das Leben aber ist Gott, denn Gott ist in mir und wirkt durch mich als ich. Wo immer ich bin, ist Gott. Bei jedem Atemzug spüre ich das Wirken Gottes in mir. In diesem Bewußtsein erlebe ich von nun an meinen Atem.

Dann lasse ich die Außenwelt los. Während ich meinen Atem weiter geschehen lasse, sinke ich in mich hinein, sinke ganz ruhig und gleichmäßig in meine Mitte, gehe in meine lichte Innenwelt. Vor mir in meiner Innenwelt sehe ich eine Wiese. Ganz leicht und frei gehe ich jetzt auf diese Wiese. Ich nehme sie mit allen Sinnen wahr, spüre das Gras unter meinen Füßen, rieche den Duft der Blumen. Ich höre die Vögel zwitschern, spüre die warme Sonne auf meiner Haut und atme die reine Luft. Ich fühle mich wohl.

Dann schaue ich mich um und erkenne ganz in der Nähe eine Gestalt. Das ist mein innerer Meister, das wahre Selbst. Voller Freude gehe ich auf mich selbst zu, erlebe mich selbst, begegne mir selbst, erkenne und erlebe mich so, wie ich wirklich bin, schaue mir einfach zu und spüre gleichzeitig ganz lebendig in mir dieses wahre Sein. So bin ich wirklich, vollkommenes ewiges Bewußtsein.

Ich tauche in mich selbst ein und gehe als ich selbst über meine Wiese, erlebe einmal ganz bewußt, wie es ist, ich selbst zu sein. Ohne Rollen, ohne Masken, ohne Verhaltensmuster, ohne Ideale, einfach nur als ICH BIN, als ewige Gegenwart. Ich spüre jetzt, wie ich mich fühle als ich selbst und erlebe mich einmal ganz bewußt als ich selbst an meinem Platz. Erlebe mich, wie ich zu Hause bin und den anderen begegne als ich selbst. Scheinbar ist alles wie vorher. Ich bin in derselben Wohnung, fahre dasselbe Auto, habe denselben Arbeitsplatz, denselben Partner, dieselbe Familie, und doch ist alles ganz anders, denn ich bin anders. Ich bin ich selbst.

Und ich erlebe, wie ich von den anderen, vom Leben herausgefordert werde, erlebe, wie ich jede Situation meistere als ich selbst. Ich erkenne, daß ich nicht mehr zu erschüttern bin. Ich bin nicht mehr bereit, mich jemals wieder zu vergessen. Ich bin endlich wieder nach Hause zurückgekehrt, bin wieder der, der ich wirklich bin. Ich erlebe mich am Arbeitsplatz, mit meinem Partner, mit den Menschen, die ich liebe, begegne jedem als ich selbst. Ich mache mir bewußt, ob es noch irgendeine Situation geben könnte, die mich wieder vergessen läßt, wer ich wirklich bin und bereite mich auf diese Situation vor, bleibe auch in dieser Situation der, der ich wirklich bin, ich selbst. Ich weiß, daß ich mich immer wieder an mich selbst erinnere.

So finde ich meinen Weg. Gleich morgens, wenn ich aufwache, erinnere ich mich daran, wer ich wirklich bin. Und abends, bevor ich schlafen gehe, erinnere ich mich wieder und schlafe so ein, wie ich den Tag auch begonnen habe - als ich selbst.

Im Laufe des Tages mache ich mir immer wieder bewußt, wer ich wirklich bin, lebe von nun an für immer als ich selbst.

In diesem wahren Selbstbewußtsein gehe ich durch mein Leben. In diesem Bewußtsein erfülle ich meine Aufgabe. In diesem Bewußtsein kehre ich nun zurück an die Oberfläche des Seins, zurück ins Hier und Jetzt.

Wann immer ich bereit bin, öffne ich meine Augen, bin wieder ganz bewußt im Hier und Jetzt. Aber nun bin ich hier als der, der ich wirklich bin, als ich selbst.

L e s e r s e r v i c e

Prof. Kurt Tepperwein persönlich erleben:

Wünschen Sie tiefer in das Thema dieses Buches einzusteigen und die Chance zu nutzen, Kurt Tepperwein live zu erleben?

Wie bieten Ihnen die folgenden Seminare und Ausbildungen an:

- ❑ Ausbildung zum dipl. Lebensberater
- ❑ Ausbildung zum dipl. Intuitions-Trainer
- ❑ Ausbildung zum dipl. Bewußtseins-Trainer
- ❑ Atman-Seminar (Durchbruch zur Wirklichkeit)
- ❑ Perlen der Weisheit-Seminar
- ❑ Tepperwein-Prozeß-Seminar
- ❑ Ferienakademien

- ❑ Heimstudienlehrgang zum dipl. Lebensberater
- ❑ Heimstudienlehrgang zum dipl. Mental-Trainer
- ❑ Heimstudienlehrgang zum dipl. Intuitions-Trainer
- ❑ Heimstudienlehrgang zum dipl. Seminarleiter
- ❑ Heimstudienlehrgang zum dipl. Erfolgs-Trainer

- ❑ Gesamtseminar- und Ausbildungsprogramm der Akademie FKP
- ❑ Neuheiten Bücher, Audio- und Videoprogramme

Verlangen Sie Ihre gewünschten Informationen bei:

Schweiz + Österreich
Akademie FKP
Postfach - St. Markusgasse 11
FL-9490 Vaduz

Telefon 075 233 12 12
Fax 075 233 12 14

Deutschland
Beratungssekretariat
Telefon/Fax 0911 69 92 47

ISBN 3-931 652-35-1
broschiert, 144 Seiten, DM 13,80

Kurt Tepperwein

Menschen erkennen, Menschen verstehen

Praktische Charakterkunde

Wie ein Mensch aussieht, wie er sich gibt, wie er denkt, wie er handelt- all das ist von Bedeutung. Der berühmte Menschenlehrer Kurt Tepperwein lehrt uns in diesem Buch, wie wir die Augen und Sinne öffnen können, uns selbst zu entdecken. Haben wir uns erkannt, können wir auch andere in ihrem Wesen und Aussehen erkennen.
Dieses Buch ist eine Bereicherung auf der Entdeckungsfahrt „Entdecke Dich selbst".

ISBN 3-931 652-20-3
broschiert, 160 Seiten, DM 19,80

Kurt Tepperwein

Dein spirituelles Check Up

Durch die Tests, die Tepperwein aus langjähriger Praxis heraus zusammengestellt hat, erfassen wir spontan unsere individuelle Situation mit unseren speziellen Fähigkeiten und Schwächen. Tepperwein benutzt in den Tests viele archetypische Bilder, durch die wir Zugang zum Unterbewußtsein bekommen.
Ein Buch für jeden, der mit einfachen und wirksamen Mitteln seine Mitmenschen und sich selbst besser und umfangreicher verstehen und erfahren möchte.

ISBN 3-931 652-27-0
broschiert, 148 Seiten, DM 19,80

Kurt Tepperwein

Der Schlüssel zum Glück

Ein Anti-Ärger-Programm

Ärger greift immer mehr um sich und vergällt uns oft den Tag. Dieses Buch verdeutlicht Ihnen die Mechanismen des Ärgers und gibt Ihnen den Schlüssel für ein Leben ohne Ärger in die Hand.
Außerdem führt es Sie über die geistigen Gesetze zu den Fragen nach dem Sinn des Lebens. Mit diesen Erkenntnissen leben Sie intensiver und freier - ohne Ärger, gewinnen an Erfahrung und finden Harmonie und Glück in sich selbst.

ISBN 3-931 652-19-X
broschiert, 136 Seiten, DM 19,80

Kurt Tepperwein

Dein Zahlenschlüssel

Der Autor macht uns mit der Essenz des uralten numerologischen Wissens vertraut. Durch einen Zahlenschlüssel erfahren wir Entscheidendes über unsere Fähigkeiten und Eigenschaften, die wir aus früheren Leben mitgebracht haben und über unseren »geheimen Persönlichkeitskern«, die wir normalerweise nicht preisgeben. Wir erkennen den Sinn unseres Lebens und unsere Hauptcharaktereigenschaften. Wir haben die Möglichkeit, durch unseren Zahlenschlüssel unser Schicksal selbst zu gestalten und unsere Lebenssituation aktiv zu verbessern.

ISBN 3-931 652-40-8
broschiert, 200Seiten,
49 Karten mit Box,
DM 24,80

Marta Cabeza

Tag für Tag mit den Engeln

»Tag für Tag mit den Engeln« wurde als Ergänzung zum Kartenspiel »Mit den Engeln spielen« konzipiert.
»Mit den Engeln spielen« ist ein Kartenspiel der Verwandlung. Es hilft uns, unsere Alltagswirklichkeit bewußt zu erleben, indem es uns mit unserer inneren Stimme bzw. unserem „inneren Engel" verbindet. Dadurch bekommen wir die große Chance, Vergangenheit und Zukunft zu verändern, zu Gunsten einer bewußt gelebten Gegenwart voller Liebe und stets geleitet durch unsere Intuition.

ISBN 3-931 652-17-3
gebunden, 304 Seiten, DM 33,00

Jean-Marie Paffenhoff

Die Engel Deines Lebens

Wie Du mit ihnen Kontakt aufnimmst

Ein Buch über unsere drei unterschiedlichen Schutzengel und darüber, wie wir mit ihnen in Verbindung treten können.
Es werden die Zusammenhänge der Schutzengel zur Bibel, zur Kabbala und zum hebräischen Alphabet erläutert.
Der Autor gibt außerdem eine Einführung in das System der Kabbala mit Meditationstechniken.

ISBN 3-931 652-29-7
broschiert, 176 Seiten, DM 24,80

Roland Geisselhart

Ihr geistiges Potential
– unerschöpflich und grenzenlos

Supergedächnis in drei Tagen

Wenn der Leser seine Gedächtnisleistung gewaltig steigern will, dann wird er nicht zögern, dieses Buch zu erwerben. In drei Tagen kann er nicht nur die Basismethode der Gedächtnissteigerung begriffen haben, er kann sie auch erfolgreich anwenden, vorausgesetzt, daß er bereit ist, in diesen ersten drei Tagen einige Stunden zu üben. Der Erfolg wird ihn überraschen.

ISBN 3-923 781-67-9
broschiert, 162 Seiten, DM 24,80

Beate Bock

Un-Mögliches möglich machen

Dieses Buch ist für Menschen geschrieben, die ihr Leben in einfacher Weise positiv verändern wollen. Die Autorin stellt Übungen vor, die im alltäglichen Leben mit erstaunlicher Leichtigkeit anzuwenden sind. Ziel der Autorin ist es, uns wieder mit unserer Herzensenergie in Kontakt zu bringen und uns in unserer Eigenverantwortung zu stärken.

Karl Everding

Jeder ist ein Feuerläufer

ISBN 3-931 652-09-2
broschiert, 145 Seiten, DM 24,80

Feuerlaufen hat eine sehr alte Tradition und ist in vielen Kulturen ein wichtiges Initiationsritual. Der Psychotherapeut Everding leitet Transformations- und Feuerlaufseminare und bildet Feuerseminarleiter aus. Er beschreibt die inneren psychischen und emotionalen Prozesse, die vor, während und nach dem Feuerlaufen auftreten. Es wird aufgezeigt, welche enormen Chancen die Teilnahme an einem Feuerlaufseminar bieten, um festsitzende innere Blockaden und besonders Ängste aufzulösen, alte Verhaltensstrukturen zu sprengen und im Alltag Grenzen zu überschreiten.

Dick Sutphen

Das Orakel in Dir

ISBN 3-923 781-73-3
broschiert, 276 Seiten, DM 29,80

Dieses Buch gibt Ihnen auf alle möglichen Fragen eine direkte Antwort. Ihr «Höheres Selbst» oder Überbewußtsein offenbart Ihnen die für Sie richtigen Botschaften, indem Sie das Buch »zufällig« auf irgendeiner Seite aufschlagen.
Sie können sich natürlich auch jeden Tag von den 250 Botschaften inspirieren lassen. Es werden lebensnahe spirituelle Wahrheiten vermittelt, die Ihnen in jeder Lebenssituation weiterhelfen.

ISBN 3-923 781-95-4
gebunden, 126 Seiten, DM 19,80

Dr. Anagarika Mahanamo

Geheimnis der Vitalität

**Gesundheit,
Lebenskraft
und Verjüngung
durch einfache taoistische Übungen**

Dieses Buch zeigt, wie der westliche - häufig gestreßte - Mensch durch einfache taoistische Körper- und Atemübungen den Körper entscheidend vitalisieren, harmonisieren und verjüngen kann.
Es ist ein Juwel für alle, die mit wenig Zeitaufwand durch Übungen, die Freude machen, Vitalität, Gesundheit und Lebensfreude bis ins hohe Alter erfahren möchten.

ISBN 3-931 652-08-4
gebunden, 224 Seiten, DM 29,80

Edith Fiore

Besessenheit und Heilung

Die Befreiung der Seele

Dieses Buch, das ausführlich das Phänomen der Besessenheit entmystifiziert, beschreibt Diagnose- und Heilungsmöglichkeiten bei Besessenheit und zeigt wirksame Wege aus problematischen Seelenzuständen.

Ein Buch für Therapeuten und Laien mit praktischen Anleitungen.